Le diplomate et les Français de l'étranger

Le diplomate et les Français de l'étranger

Comprendre les pratiques de l'État envers sa diaspora

Christian Lequesne

SciencesPo
LES PRESSES

SciencesPo
LES PRESSES

Catalogage Électre-Bibliographie (avec le concours de la Bibliothèque de Sciences Po)
Le diplomate et les Français de l'étranger : comprendre les pratiques de l'État envers sa diaspora / Christian Lequesne. – Paris : Presses de Sciences Po, 2024 – (Collection académique).

ISBN papier 978-2-7246-4280-3
ISBN pdf web 978-2-7246-4281-0
ISBN epub 978-2-7246-4282-7
ISBN xml 978-2-7246-4283-4

RAMEAU
– Français : À l'étranger : 2000-....
– Travailleurs étrangers français : 2000-....
– Diplomates français : À l'étranger : 2000-....

DEWEY
– 327.2 : Diplomatie

Introduction

Aussi étonnant que ceci puisse paraître, le nombre exact de citoyens français qui résident de manière permanente ou temporaire en dehors des frontières de la France métropolitaine et des départements et collectivités d'outre-mer n'est pas connu avec précision. Le seul outil statistique qui permette de les comptabiliser régulièrement est l'inscription volontaire au registre des consulats. Or beaucoup de Français de l'étranger oublient cette formalité ou estiment inutile de s'y soumettre. Au 31 décembre 2021, le ministère de l'Europe et des Affaires étrangères dénombrait 1,61 million d'inscrits consulaires, ce chiffre révélant une baisse de 4,2 % par rapport à l'année précédente, mais aussi une augmentation de 17,5 % en quinze ans[1]. Une estimation de l'INSEE parlait, quant à elle, en 2013, de 3,3 à 3,5 millions de personnes[2]. Selon les calculs officieux du ministère de l'Europe et des Affaires étrangères et des associations de Français de l'étranger, l'effectif réel se situerait autour de 2,5 millions. Répartie dans l'ensemble des pays du monde, cette population vit majoritairement dans l'hémisphère nord, plus

1. Ministère de l'Europe et des Affaires étrangères, « Rapport 2022 du gouvernement sur la situation des Français établis hors de France », Paris, 2022, p. 13.

2. Chantal Brutel, « L'analyse des flux migratoires entre la France et l'étranger entre 2006 et 2013. Un accroissement des mobilités », *INSEE analyses*, 22, octobre 2015.

particulièrement en Europe et en Amérique du Nord. En 2021, les quatre pays qui l'accueillaient le plus étaient la Suisse, les États-Unis, le Royaume-Uni et la Belgique (tableau 1).

À l'inverse de l'immigration, cette émigration ne suscite guère de controverses dans la sphère publique hexagonale, sauf lorsqu'il est question d'évasion fiscale. Bien que très minoritaires dans les faits, les riches exilés qui contournent les lois de la République font en effet régulièrement les choux gras de la presse. Ce point focal détourne l'attention de la réalité sociale des Français de l'étranger qui sont loin de toujours connaître la réussite économique. Cette diaspora se compose d'une variété de groupes qui ont socialement peu en commun les uns avec les autres : les binationaux, les expatriés qui se déplacent d'un pays à un autre, les travailleurs qualifiés qui quittent la France de manière définitive, les retraités à la recherche d'une vie moins chère à l'étranger, les étudiants et, de plus en plus, les e-travailleurs.

Le peu de débat public sur les Français à l'étranger explique le nombre limité de travaux d'ampleur en sciences sociales sur le sujet. Nombre de recherches doctorales en anthropologie, en géographie, en sociologie, en science politique, mais aussi en sciences de l'éducation leur sont pourtant consacrées, mais toutes n'ont pas été éditées. Parmi les travaux de valeur, on peut citer celui sur les trajectoires et modèles d'émigration des Français publiée en 1995 par la géographe Béatrice Verquin à partir de son travail de doctorat[3], ou la thèse en anthropologie sociale soutenue en 2018 par Marie-Christine Peltier-Charrier sur les Français de l'étranger comme catégorie politique[4]. Des ethnographies sont menées sur les Français vivant dans des pays en particulier, telles celles de Jacqueline Lindenfeld et de Jacques Lagarde sur les Français des États-Unis[5]. Le thème de l'enseignement français à l'étranger est également exploré dans les thèses en sociologie de Sylvain Beck

---

3. Béatrice Verquin, « Les Français de l'étranger. D'un "modèle colonial" à la circulation des élites », *Hommes et migrations*, 1233, 2001, p. 28-43.

4. Marie-Christine Peltier-Charrier, *Les Français de l'étranger comme catégorie politique*, thèse de doctorat en anthropologie sociale et politique, sous la direction de Marc Abélès, EHESS, 2018.

5. Jacqueline Lindenfeld, *Les Français aux États-Unis. Étude ethnographique*, Paris, L'Harmattan, 2002 ; François Lagarde, *Français aux États-Unis (1990-2005). Migration, langue, culture et économie*, Berne, Peter Lang, 2015.

sur les enseignants français des lycées de Londres et Rabat, et de Vincent Hugoo sur les stratégies scolaires et les sociabilités juvéniles dans les lycées français en Allemagne[6], ou encore dans la thèse en sciences de l'éducation de Rana El Challah sur l'enseignement français au Liban[7]. Enfin, des politistes français s'intéressent à l'engagement politique des Français de l'étranger lors des élections nationales françaises et à leur représentation parlementaire spécifique dans l'espace extraterritorial[8].

Ce livre n'aborde pas les Français de l'étranger comme un objet de politique migratoire. Il s'intéresse à leur impact sur les pratiques des diplomates français. L'objectif est de comprendre l'ontologie d'une relation entre, d'une part, les représentants de l'État à l'étranger au sein des ambassades et des consulats et, d'autre part, les citoyens français et leurs élus spécifiques. Pour qualifier les Français de l'étranger, j'ai recours à un concept qui a donné naissance à d'intenses débats pour le définir dans les sciences sociales : celui de diaspora[9]. Mon choix est de considérer celui-ci dans une acception large, qui englobe tous les citoyens français vivant dans un pays d'accueil et tissant des liens transnationaux avec leur État et/ou avec leur société d'origine. Ce livre choisit donc explicitement de ne pas parler d'expatrié ni de communauté. Le premier terme ne sert en effet à décrire qu'une catégorie sociologique restreinte, celle des individus résidant à l'étranger, de manière temporaire, pour des raisons essentiellement professionnelles et dont le séjour

---

6. Sylvain Beck, *Expatriation et relation éducative. Les enseignants français dans la mondialisation*, thèse de doctorat en sociologie, sous la direction de Didier Lapeyronnie, Université Paris 4-Sorbonne, 2015 ; Vincent Hugoo, *La Distinction à l'étranger. Stratégies scolaires et sociabilités juvéniles dans les lycées français en Allemagne*, thèse de sociologie, sous la direction de Anne-Catherine Wagner, Université de Paris 1 Panthéon-Sorbonne, 2022.

7. Rana El Challah, *Innovation en formation continue et dynamiques coopératives. Étude sur le travail en réseau des enseignants au sein des établissements de l'AEFE au Liban*, thèse de doctorat en sciences de l'éducation, sous la direction de Philippe Meirieu et de Ramzi Salamé, Université Lumière Lyon 2 et Université Saint-Joseph de Beyrouth, 2016.

8. Cédric Pellen, « À la conquête de l'Amérique. La campagne des élections législatives dans la 1re circonscription des Français de l'étranger », *Revue française de science politique*, 63 (6), 2013, p. 1137-1162 ; Étienne Smith, « Voter au loin. Dynamiques électorales transnationales dans la neuvième circonscription des Français de l'étranger », *Les Études du CERI*, 249, avril 2020.

9. Stéphane Dufoix, *La Dispersion. Une histoire des usages du mot diaspora*, Paris, Éditions Amsterdam, 2011.

s'accompagne de conditions de vie matériellement privilégiées (primes spéciales, logement et école des enfants pris en charge par un employeur). Bien que les sociologues des diasporas, comme Riva Kastoryano, y aient volontiers recours, le terme de communauté est lui aussi écarté pour ne pas laisser croire que les Français de l'étranger peuvent être définis au sens de ce qui fait un et un seul[10]. En utilisant le concept de diaspora, je souhaite au contraire me garder de toute « illusion de la communautarisation » pour bien pointer l'existence d'une diversité parmi cette population[11].

Alors que je m'intéressais aux pratiques des diplomates français à l'occasion d'une précédente recherche[12], il m'apparut à plusieurs reprises que les pratiques consulaires, la protection des Français de l'étranger ou encore la difficulté à transformer la diaspora en ressource pour mener une diplomatie d'influence avaient été peu analysées. Comme pour tous mes précédents travaux, ce livre part d'une enquête de terrain menée auprès des acteurs. Il est construit autour de 88 entretiens semi-directifs effectués entre 2017 et 2023 avec des consuls et agents consulaires français, des élus des Français de l'étranger, des proviseurs et professeurs des établissements français, mais aussi de simples membres de la diaspora. Les principaux lieux d'enquête sont cinq capitales situées sur trois continents : Abidjan en Côte-d'Ivoire, Berlin en Allemagne, Londres au Royaume-Uni, Tel Aviv en Israël et Tokyo au Japon. Des entretiens supplémentaires ont été réalisés à l'occasion de séjours de plus courte durée dans des capitales européennes (à Belgrade en Serbie, à Bruxelles en Belgique, à Bucarest en Roumanie, à Vienne en Autriche), d'autres ont été organisés par visioconférence, notamment pendant la pandémie de Covid-19, avec des élus des Français de l'étranger vivant en Afrique, en Asie et en Amérique du Nord, d'autres enfin ont été menés à Paris avec des diplomates français et des ambassadeurs et consuls de pays européens en poste, mais aussi avec des parlementaires (députés et sénateurs) représentant les Français de l'étranger. Afin de ne pas brider la

---

10. Riva Kastoryano, « Vers un nationalisme transnational. Nation, nationalisme et territoire », *Revue française de science politique*, 56 (4), 2006, p. 533-553.

11. Stéphane Dufoix, *La Dispersion*, *op. cit.*, p. 58.

12. Christian Lequesne, *Ethnographie du Quai d'Orsay. Les pratiques des diplomates français*, Paris, CNRS Éditions, 2017.

parole des interviewés, le choix a été fait de rendre anonymes les citations, à l'exception de quelques parlementaires ou responsables associatifs non soumis au devoir de réserve. Une liste alphabétique des personnes interrogées se trouve placée en fin d'ouvrage.

Quiconque travaille sur la sociologie des pratiques en science politique sait qu'il est indispensable de les replacer dans des trajectoires historiques. Pour la première fois dans mon parcours de politiste, j'utilise dans ce livre des références aux archives, après avoir obtenu l'autorisation de consulter les fonds sur les politiques consulaires de l'État entre 1950 et 2010 déposés aux archives diplomatiques du ministère de l'Europe et des Affaires étrangères. Ce travail, complémentaire des entretiens, a permis de recueillir des informations de première main sur l'évolution organisationnelle de l'administration consulaire ou encore sur la relation entre des ambassadeurs de France et les Français de l'étranger à la fin des années 1970.

Une fois de plus, je tente l'exercice délicat de traiter de larges questions de science politique à partir d'une enquête empirique détaillée. Il ne m'a en effet jamais été possible de raisonner sur un objet sans adopter une méthode inductive. Cette démarche m'apparaît particulièrement féconde pour l'analyse des relations internationales : pour saisir leur dimension macro, il est indispensable de partir d'un corpus empirique micro fondé sur l'observation de pratiques d'acteurs. Nous avons tous lu ces travaux de relations internationales qui traitent de phénomènes essentiels, comme la remise en cause de l'ordre libéral international ou la fin du système interétatique westphalien, en n'avançant que des intuitions d'auteurs. Ces travaux ressemblent à des essais, parfois éclairants, mais qui ne s'appuient sur aucune donnée tangible. Or il existe, comme le dit Hannah Arendt, une « matière factuelle[13] » sans laquelle la macro-théorie équivaut à un raisonnement à vide, sauf à assumer une approche normative qui, dans ce cas, ne vise plus nécessairement la compréhension de la réalité sociale. Ce livre plaide donc, dans la lignée de mes travaux précédents, pour une recherche qui va à la rencontre des acteurs des relations internationales et qui

13. Hannah Arendt, *La Crise de la culture. Huit exercices de pensée politique*, Paris, Gallimard, 1972. Voir aussi Géraldine Muhlmann, *Pour les faits*, Paris, Les Belles Lettres, 2023.

analyse au plus près leurs pratiques au sens où les définit Barry Barnes : « des formes d'activité socialement reconnues, réalisées sur la base de ce que les membres apprennent des autres, et susceptibles d'être bien ou mal faites, correctement ou incorrectement[14] ».

Ce livre est volontairement écrit dans une langue simple, convaincu depuis toujours que le style jargonnant n'est jamais chez le chercheur en sciences sociales un signe de génie, mais plutôt celui d'une pensée floue. C'est la raison pour laquelle je n'ai jamais été séduit par les auteurs postmodernes en sciences sociales. Il y a presque trente ans déjà, la lecture d'Alan Sokal et Jean Bricmont m'a définitivement mis en garde contre la pire des impostures intellectuelles, celle consistant à former des phrases vides de sens en les faisant passer pour savantes[15]. Par ailleurs, si le souci de citer la littérature scientifique est présent dans le texte, il l'est sans excès de compilation. Comme le fait remarquer fort justement Brillat-Savarin dans la préface de sa *Physiologie du goût :* « Qu'on se garde bien de me ranger parmi les compilateurs. Si j'en avais été réduit là, ma plume se serait reposée[16]. »

Le livre se compose de sept chapitres. Le chapitre 1 dresse un état des travaux de sciences sociales sur la diplomatie consulaire et la diplomatie de diaspora. Le chapitre 2 tente une sociologie de la diaspora française pour en souligner la diversité. Le chapitre 3 analyse le statut inventé par l'État pour administrer les Français de l'étranger. Le chapitre 4 s'intéresse à l'extra-territorialisation des élections et au rapport entre le diplomate et le parlementaire élu de la diaspora. Le chapitre 5 aborde la question des écoles sous tutelle d'État prodiguant les programmes français à l'étranger. Le chapitre 6 analyse la projection diplomatique de l'État providence au bénéfice de la diaspora. Le chapitre 7 explique pourquoi la diaspora a du mal à entrer dans le champ de la diplomatie d'influence déployé par l'État français. Enfin, la conclusion prend de la distance par rapport à l'enquête empirique détaillée pour revenir sur plusieurs concepts clés du débat théorique en relations internationales.

---

14. Barry Barnes, « Practice as Collective Action », dans Theodore R. Schatzki, Karin Knorr Cetina et Eike von Savigny (eds), *The Practice Turn in Contemporary Theory*, Londres, Routledge, 2001, p. 19.

15. Alan Sokal et Jean Bricmont, *Impostures intellectuelles*, Paris, Odile Jacob, 1997.

16. Brillat-Savarin, *Physiologie du goût*, Paris, Flammarion, 1982, p. 35.

L'objectif du livre est donc posé : comprendre les pratiques des représentants de la France officielle à l'égard des Français de l'étranger. Évidemment, les Français de l'étranger en question sont ceux qui se rendent visibles auprès des diplomates. Il faut être conscient que certains échappent aux pratiques décrites dans cet ouvrage, parce qu'ils n'entretiennent simplement plus de contact avec leur État d'origine. Je laisse aux spécialistes des migrations le soin d'en parler davantage.

Chapitre 1

Diplomatie consulaire et diplomatie de diaspora

En théorie des relations internationales, l'étude de la diplomatie comme pratique politique connaît un renouvellement à la fin des années 1990, grâce notamment aux travaux d'universitaires nord-américains et nord-européens, tels ceux d'Iver B. Neumann, inspirateur majeur de la recherche sur les pratiques des diplomates avec son enquête ethnographique sur le cas norvégien[1].

Dans ce corpus de nouvelles études, la protection des populations émigrées par leurs États d'origine, jusqu'alors peu regardée, devient l'objet d'une attention particulière. Des auteurs décident de faire de la diplomatie consulaire, délaissée jusqu'alors pour sa soi-disant sécheresse technique, un thème de recherche. La constitution croissante de diasporas et les stratégies déployées par les États d'origine pour conserver avec elles des liens donnent également naissance à des travaux mettant en avant un autre concept, celui de diplomatie de diaspora.

Le concept de diplomatie consulaire

Dans l'histoire de la diplomatie européenne, la fonction de consul précède celle d'ambassadeur. Dans les cités de la Grèce antique, l'étranger, privé de droits politiques, peut choisir un protecteur

1. Iver B. Neumann, *At Home with Diplomats. Inside a European Foreign Ministry*, Ithaca, Cornell University Press, 2012.

(le *prostatès*) qui lui sert d'intermédiaire dans ses relations politiques et judiciaires dans la sphère civique. Il existe également une autre institution, le *proxène*, qui se rapproche à bien des égards du consul actuel. Comme l'écrit Graham Stuart, il «était pour l'État ce que le *prostatès* était pour l'individu étranger. La nomination du *proxène* constituait un véritable contrat entre un État autonome et un citoyen d'un autre État. Par ce contrat, le *proxène* devenait le protecteur officiel ou le *prostatès* du gouvernement qui le commissionnait[2]».

Le titre même de consul est emprunté à la Rome antique, dans laquelle il revêt une autre signification : celle de chef de l'exécutif. La fonction de celui que l'on appelle aujourd'hui le consul est occupée à Rome par le *praetor peregrinus*, depuis le IIIe siècle av. J.-C. Sa tâche consiste à régler des litiges extraterritoriaux (surtout commerciaux) dans lesquels des «non-citoyens» sont impliqués[3]. Elle est toutefois beaucoup moins importante que son équivalent dans la Grèce antique.

Dans l'Europe du Moyen Âge, la fonction de consul se développe en rapport direct avec les activités de commerce et de navigation. C'est autour de la Méditerranée, et plus particulièrement dans les cités italiennes, que se déploient les premiers consuls permanents : en 1190, la cité d'Amalfi envoie son premier consul à Naples ; en 1250, Gênes crée deux postes de consul maritime «pour juger les étrangers et trancher les différends maritimes[4]». Au nord de l'Europe, les villes hanséatiques dont les marchands pratiquent le libre commerce en mer du Nord et dans la Baltique, de Novgorod à Bruges, disposent aussi de leurs consuls chargés de régler les litiges commerciaux grâce à leur connaissance du droit local de chaque port[5]. Cette fonction tend toutefois à perdre du pouvoir avec l'émergence des ambassadeurs permanents au XVe siècle en Italie et leur généralisation sur tout le continent européen à partir

2. Graham Stuart, «Le droit et la pratique diplomatiques et consulaires», *Recueil des cours de l'Académie de droit international de La Haye*, vol. 48, Paris, Sirey, 1934, p. 483-484.

3. Jaroslav Zourek, «Le statut et les fonctions des consuls», *Recueil des cours de l'Académie de droit international de La Haye*, vol. 106, Paris, Sirey, 1962, p. 372.

4. Graham Stuart, «Le droit et la pratique diplomatiques et consulaires», art. cité, p. 493.

5. Halvard Leira et Iver B. Neumann, «Consular Representation in an Emerging State. The Case of Norway», *The Hague Journal of Diplomacy*, 3 (1), 2008, p. 1-19.

du XVIIe siècle. Comme l'écrit le juriste tchèque Jaroslav Zourek, «les missions diplomatiques, dont la vie était entourée d'un faste incomparablement plus grand que celui des consulats, se sont vite retrouvées au centre de la vie politique et ont relégué au second plan l'institution consulaire[6]».

Cette mutation explique que l'activité des consuls est souvent sous-estimée par les historiens des relations internationales. Desservis par un recrutement spécifique jusqu'à la fin du XIXe siècle[7], ils sont perçus comme exerçant des tâches techniques et subalternes. C'est largement à tort, car les consuls sont des fonctionnaires de terrain, souvent installés dans des villes situées à distance des capitales, capables d'anticiper les crises politiques et de jouer un rôle de protecteurs des populations. On le voit particulièrement lors du massacre des Arméniens par les troupes de l'Empire ottoman. Dès les exactions des années 1894-1896, Gustave Meyrier, vice-consul de France à Diyarbakır, en Anatolie centrale, s'emploie à recenser les morts et les villages détruits tout en offrant l'asile aux populations arméniennes de sa circonscription[8]. On peut citer plus tard, lors du génocide de 1915, les actions identiques de Leslie Davies[9], consul des États-Unis à Harput, en Anatolie orientale, et celles de Walter Rössler, consul d'Allemagne à Alep.

Il serait excessif cependant d'affirmer que la diplomatie consulaire échappe complètement au radar des historiens des relations internationales. On en veut pour preuve l'existence de travaux sur la fonction consulaire au XIXe siècle[10] ou encore sur l'histoire des consuls[11]. Mais ces ouvrages portent largement sur les États occidentaux, à l'instar du livre de John Dickie, doyen des journalistes diplomatiques londoniens, consacré à l'histoire des consuls

---

6. Jaroslav Zourek, «Le statut et les fonctions des consuls», art. cité, p. 379.

7. Laurence Badel, *Diplomaties européennes, XIXe-XXIe siècle*, Paris, Presses de Sciences Po, 2021, p. 55.

8. Gustave Meyrier, *Les Massacres de Diyarbékir: correspondance diplomatique du vice-consul de France, 1894-1896*, édité par Claire Mouradian et Michel Durand-Meyrier, Paris, L'Inventaire, 2000.

9. Leslie Davies, *La Province de la mort*, Bruxelles, Complexe, 1994.

10. Jörg Ulbert et Lukian Prijac (dir.), *Consuls et services consulaires au XIXe siècle*, Hambourg, DobuVerlag, 2010.

11. Silvia Marzagalli et Jörg Ulbert (dir.), «Les études consulaires à l'épreuve de la Méditerranée. Essais et bibliographie (avant 1914)», *Cahiers de la Méditerranée*, 93, 2016.

britanniques[12], et cet occidentalo-centrisme peut être critiquable. Graham Stuart le souligne, «les Chinois avaient des tribunaux de commerce au VIIIe siècle et les Arabes au IXe siècle, de sorte que l'on peut discuter de la nation à qui revient la gloire d'avoir établi les premiers consulats[13]». Le traitement de la question consulaire renvoie, du reste, à l'intérêt plus général qu'il y aurait à entreprendre une histoire-monde ou une histoire croisée des pratiques diplomatiques, chantier qui reste largement à réaliser.

Comme leurs collègues historiens, les juristes s'intéressent modérément à la diplomatie consulaire, bien que leur discipline soit celle qui y ait contribué le plus tôt. L'un des tout premiers manuels de droit consulaire est publié en 1700 par Jean Toubeau[14], et des manuels de droit diplomatique et consulaire sont régulièrement édités depuis le XIXe siècle, dont celui de Julien Pillaut, fonctionnaire au ministère français des Affaires étrangères, paru en 1910[15]. C'est au sein des disciplines du droit international public et privé que l'on recense les principaux travaux sur la protection des citoyens à l'étranger, sur l'exercice par les consuls de l'*exequatur* (décision judiciaire autorisant l'exécution dans un pays d'une décision rendue par une juridiction étrangère) ou encore sur les immunités, à la lumière notamment de la codification internationale des pratiques introduite en 1963 par la convention de Vienne sur les relations consulaires[16]. Une recherche par le mot clé «consulaire» dans les cours de l'Académie de droit international de La Haye, publiés depuis 1923, ne fait ressortir que quatre publications, la dernière

12. John Dickie, *The British Consul. Heir to a Great Tradition*, New York, Columbia University Press, 2008.

13. Graham Stuart, «Le droit et la pratique diplomatiques et consulaires», art. cité, p. 487.

14. Jean Toubeau, *Les Institutes du droit consulaire, ou la jurisprudence des marchands*, Paris, Nicolas Gosselin, 1700.

15. Julien Pillaut, *Manuel de droit consulaire. Usage et principes internationaux, analyse des conventions, jurisprudence sur l'institution et l'organisation consulaires (juridiction consulaire et affaires maritimes exceptées)*, préface de Camille Jordan, Paris, Berger-Levrault, 1910.

16. Anna Maria Smolinska, Maria Boutros, Frédérique Lozanorios et Mariana Lunca, *Droit international des relations diplomatiques et consulaires*, Bruxelles, Larcier, 2015; Luke T. Lee et John Quigley, *Consular Law and Practice*, Oxford, Oxford University Press, 2008.

datant de 1971[17]. Si la Société française pour le droit international consacre son colloque de Lyon de 2005 à la protection consulaire[18], des phénomènes aussi passionnants que l'européanisation de cette protection depuis le traité de Maastricht[19] ou les effets de la dématérialisation des procédures (y compris l'acte de voter à l'étranger) à la suite de l'introduction d'internet[20] n'inspirent paradoxalement qu'assez peu de travaux de la part des juristes. Le développement de l'immigration légale et la multiplication des mobilités citoyennes à partir de la seconde moitié du xxe siècle avec, pour corollaire, l'extra-territorialisation de l'état civil, la double nationalité ou le rapatriement des nationaux en cas de crise, sont autant de questions que la discipline juridique peut encore largement explorer.

En science politique, l'étude de la diplomatie consulaire se révèle un parent pauvre des études de relations internationales. Dans son manuel de diplomatie, Geoff Berridge consacre une section courte et descriptive au rôle des consulats[21]. Dans le manuel de diplomatie en langue française, dirigé par Thierry Balzacq, Frédéric Charillon et Frédéric Ramel, mon propre chapitre sur les États et leur outil diplomatique aborde très peu les pratiques consulaires[22]. Il n'existe finalement qu'un seul outil de référence récent en science politique : l'ouvrage collectif, publié en 2011 et dirigé par Jan Melissen et Ana Mar Fernández, qui recourt à l'expression de « diplomatie consulaire » et prône son inclusion pleine et entière dans les relations

---

17. Outre les travaux de Graham Stuart et de Jaroslav Zourek déjà cités, il faut ajouter ceux d'Alphonse Heyking, « La théorie et la pratique des services diplomatiques », *Recueil des cours de l'Académie de droit international de La Haye*, vol. 34, Paris, Sirey, 1931, et d'Adolfo Maresca, « Les relations consulaires et les fonctions de consul en droit privé », *Recueil des cours de l'Académie de droit international de La Haye*, vol. 134, Paris, Sirey, 1971 (l'ensemble des cours de l'Académie de droit international de La Haye ont été numérisés et mis en ligne par les éditions Brill).

18. Société française pour le droit international, *La Protection consulaire*, Paris, Pedone, 2006.

19. Madalina Moraru, « An Analysis of the Consular Protection Directive. Are EU Citizens Now Better Protected ? », *Common Market Law Review*, 56 (2), 2019, p. 417-462.

20. Won-Mog Choi, « Diplomatic and Consular Law in the Internet Age », *Singapore Year Book of International Law*, 2006, p. 117-132 (www.commonlii.org/sg/journals/SGYrBkIntLaw/2006/).

21. Geoff R. Berridge, *Diplomacy. Theory and Practice*, Basingstoke, Palgrave Macmillan, 2015.

22. Thierry Balzacq, Frédéric Charillon et Frédéric Ramel (dir.), *Manuel de diplomatie*, Paris, Presses de Sciences Po, 2018.

internationales[23]. Une grande partie de cet ouvrage est cependant consacré à l'histoire de l'institution consulaire plutôt qu'à l'analyse des pratiques contemporaines, comme la protection des diasporas.

Depuis les années 2010, un nombre plus nombreux de travaux en science politique s'orientent dans quatre directions. La première, en rapport direct avec le thème de ce livre, concerne la responsabilité qui incombe aux États de protéger leurs citoyens se trouvant à l'étranger. C'est l'objet du riche numéro spécial de la revue *The Hague Journal of Diplomacy*, publié en 2018, qui aborde également la nécessité croissante de garantir la sécurité des protecteurs, c'est-à-dire des agents consulaires[24]. Cette obligation de protection apparaît essentielle dans l'étude sur la diplomatie consulaire des pays baltes lors de la crise de la Covid-19[25]. La deuxième direction relève d'une interrogation, inspirée par les travaux de Michel Foucault, sur l'évolution du rapport entre les services consulaires et les diasporas sous l'effet d'une gouvernementalité néolibérale qui tendrait à s'imposer dans la pratique des États contemporains. Alexei Tsinovoi et Rebecca Adler-Nissen, mais aussi Jan Melissen, pointent le fait que les services consulaires considéreraient de moins en moins les émigrés comme des « protégés », mais davantage comme des « clients » au service de la construction d'une influence nationale[26]. Ce constat rejoint les hypothèses de Francesco Ragazzi dans son travail sur la diaspora croate[27]. À rebours de ces recherches laissant entrevoir une soumission croissante de la diplomatie consulaire aux règles du marché, un troisième type de travaux montre que les services consulaires restent porteurs d'une projection de

---

23. Jan Melissen et Ana Mar Fernández (eds), *Consular Affairs and Diplomacy*, La Haye, Martinus Nijhoff, 2011.

24. Jan Melissen et Maaike Okano-Heijmans (eds), « Diplomacy and the Duty of Care », *The Hague Journal of Diplomacy*, 13 (2), 2018.

25. Ieva Birka, Didzis Kļaviņš et Robert Kits, « Duty of Care. Consular Diplomacy Response of Baltic and Nordic Countries to Covid-19 », *The Hague Journal of Diplomacy*, 18 (2), 2023, p. 133-164.

26. Alexei Tsinovoi et Rebecca Adler-Nissen, « Inversion of the "Duty of Care". Diplomacy and the Protection of Citizens Abroad, from Pastoral Care to Neoliberal Governmentality », *The Hague Journal of Diplomacy*, 13 (2), 2017, p. 211-232 ; Jan Melissen, « Consular Diplomacy's First Challenge. Communicating Assistance to Nationals Abroad », *Asia Pacific Policy Studies*, 7 (2), 2020, p. 217-228.

27. Francesco Ragazzi, « Governing Diasporas », *International Political Sociology*, 3 (4), 2009, p. 378-397.

l'État providence à l'extérieur de ses frontières. C'est l'objet du livre comparatif sur les vingt-sept États de l'Union européenne, dirigé en 2020 par Jean-Michel Lafleur et Diana Vintila, de l'université de Liège[28]. Dans la même perspective, la solide enquête de terrain d'Alexandra Délano Alonso montre comment la cinquantaine de consulats du Mexique maillant le territoire des États-Unis aident leurs ressortissants migrants, et plus largement les Latino-Américains, à défendre leurs droits sociaux face aux employeurs et à l'administration publique américaine[29]. Enfin, un quatrième type de travaux s'intéresse à l'extra-territorialisation du vote et de la représentation politique. À l'exception de l'article comparatif de Michael Collyer[30], cette littérature de science politique est monographique[31]. Elle se place en outre du point de vue de l'électeur, des partis politiques et des candidats plutôt que de l'État organisant les élections à l'étranger. Nous consacrons le chapitre 4 de ce livre au cas français.

Compte tenu du nombre circonscrit de travaux de science politique sur la diplomatie consulaire, ces derniers peuvent faire l'objet d'un recensement assez exhaustif. Il y sera fait référence dans ce livre. On pourrait ajouter à cet état de l'art que le métier de consul suscite beaucoup moins d'études que celui d'ambassadeur en sociologie des organisations et sociologie du travail[32]. Il en va de même de sujets pourtant fortement conflictuels sur le plan politique, comme la délivrance des visas par les consulats, qui se prêtent

---

28. Jean-Michel Lafleur et Daniela Vintila (eds), *Migration and Social Protection in Europe and Beyond,* volume 2 : *Comparing Consular Services and Diaspora Policies*, Cham, Springer, 2020.

29. Alexandra Délano Alonso, *From Here and There. Diaspora Policies, Integration, and Social Rights Beyond Borders*, Oxford, Oxford University Press, 2018.

30. Michael Collyer, « Inside Out ? Directly Elected "Special Representation" of Emigrants in National Legislatures and the Role of Popular Sovereignty », *Political Geography*, 41, 2014, p. 64-73.

31. Sur le vote des Français à l'étranger, voir Étienne Smith « Voter au loin », art. cité ; sur les votes des Polonais et des Roumains, voir Kacper Szulecki *et al.*, « To Vote or not to Vote ? Migrant Electoral (Dis)Engagement in an Enlarged Europe », *Migration Studies*, 9 (3), 2021, p. 989-1010.

32. Françoise Piotet, Marc Loriol et David Delfolie, *Splendeurs et misères du travail des diplomates*, Paris, Hermann, 2013 ; Christian Lequesne, *Ethnographie du Quai d'Orsay*, *op. cit.*

parfaitement aux recherches sur « l'administration de guichet », que les spécialistes anglophones de l'administration publique appellent la *street-level bureaucracy*[33].

Enfin, les consuls éprouvent moins que les ambassadeurs le besoin de consigner les souvenirs de leur vie professionnelle, une fois la retraite venue, dans des Mémoires à tonalité héroïque[34]. S'agissant de leur carrière, ils cultivent davantage l'effacement et la modestie, leur métier étant jugé moins prestigieux par l'institution diplomatique, mais aussi par le public. Le témoignage de Denis Matton-Perry, qui relate les trente-sept années de travail consulaire d'un secrétaire de chancellerie en France, constitue une exception[35]. Riche en analyses, l'ouvrage ne trouve cependant pas d'éditeur commercial et est publié à compte d'auteur. Il est révélateur que l'ambassadeur qui accepte de le préfacer établisse un parallèle entre ce témoignage et le mouvement postcolonial en parlant de donner « la parole aux subalternes[36] ». Pourtant, le travail des consuls sur le terrain n'est pas moins intense que celle des ambassadeurs. Pour beaucoup, leur activité professionnelle est même beaucoup plus dirigée vers la délivrance de services quotidiens aux citoyens que ne l'est celle des ambassadeurs.

Le concept de diplomatie de diaspora

Nous avons justifié dans l'introduction de ce livre le recours au concept de diaspora, alors même qu'il est peu utilisé dans la littérature traitant des Français de l'étranger. Le phénomène qu'il décrit – des populations émigrées qui continuent d'entretenir des liens avec leur État et leur société d'origine – a donné lieu, à partir des années 2000, à de nouvelles publications autour de la « diplomatie de diaspora[37] ».

---

33. Kevin D. Stringer, « The Visa Dimension of Diplomacy », *Discussion Papers in Diplomacy*, 91, 2004.

34. Iver B. Neumann, *At Home with Diplomats*, *op. cit.*

35. Denis Matton-Perry, *Paroles de consul. Rires et vertiges au bord du Quai*, Paris, Amazon, 2022.

36. Préface de Dominique Decherf, dans *ibid.*, p. 8.

37. Liam Kennedy, « Diaspora and Diplomacy », dans Nancy Snow et Nicholas Cull (eds), *The Routledge Handbook of Public Diplomacy*, Londres, Routledge, 2020, p. 213-223.

C'est dans le champ de la géographie politique que l'on trouve les travaux les plus complets et les plus novateurs sur la manière dont les États engagent une action spécifique avec leur diaspora dans la fabrique de la diplomatie[38]. Elaine L.-E. Ho et Fiona McConnell considèrent que «la diplomatie de diaspora contribue aux débats sur le rôle mouvant de l'État dans la politique internationale, en soulignant les manières complexes dont les diasporas engagent des relations avec les acteurs étatiques, non étatiques et internationaux[39]». Les deux auteurs font une nette distinction entre la diplomatie «par» les diasporas et la diplomatie «au travers» des diasporas. La première sert à valider l'hypothèse transnationale, selon laquelle les diasporas agissent à l'égard des États comme des acteurs en quête d'indépendance, à différents moments et pour différentes raisons. Elles «épousent des causes dans le but de défendre leurs intérêts propres à l'égard de leur État d'origine ou de leur État d'immigration[40]», comme ces anciens soldats coloniaux du Népal, les Gurkhas, qui mobilisent les associations de droits de l'homme pour obtenir du Parlement britannique de meilleures pensions, mais ciblent également l'ambassade du Népal au Royaume-Uni, afin qu'elle s'engage dans des négociations avec le gouvernement britannique[41]. On parle par ailleurs de diplomatie «au travers» des diasporas quand l'État d'origine ou de résidence se sert de ces dernières pour défendre des intérêts stratégiques en faisant tomber la barrière entre frontières internes et frontières externes. Kishan Rana montre ainsi comment la diplomatie de l'État indien s'emploie à utiliser le succès des entrepreneurs indiens établis à l'étranger pour développer des coopérations bilatérales en matière d'investissements ou de transferts de technologie (nous développerons ce point dans le chapitre 7)[42]. Quant aux États d'accueil,

---

38. Alexandra Délano et Alan Gamlen, «Comparing and Theorizing State-Diaspora Relations», *Political Geography*, 41, 2014, p. 43-53.

39. Elaine L.-E. Ho et Fiona McConnell, «Conceptualizing "Diaspora Diplomacy". Territory and Populations Betwixt the Domestic and Foreign», *Progress in Human Geography*, 43 (2), 2019, p. 236.

40. *Ibid.*, p. 245.

41. Kelvin E. Y. Low, «Migrant Warriors and Transnational Lives. Constructing a Gurkha Diaspora», *Ethnic and Racial Studies*, 39 (5), 2016, p. 840-857.

42. Kishan Rana, «India's Diaspora Diplomacy», *The Hague Journal of Diplomacy*, 4 (3), 2019, p. 361-372.

ils cherchent à utiliser les diasporas pour accroître leur influence politique ou économique auprès des pays d'origine, à l'instar du gouvernement américain qui, par le biais de l'International Diaspora Engagement Alliance, finance des projets dans les pays d'origine des principales diasporas installées aux États-Unis[43].

Ces stratégies des États à l'égard des diasporas montrent une fois de plus que le rapport entre acteurs étatiques et acteurs non étatiques n'est pas un jeu à somme nulle où l'un cherche nécessairement à affaiblir l'autre. L'État demeure un acteur de la diplomatie qui doit composer avec ses diasporas, comme il doit le faire avec d'autres groupes non étatiques, sur une scène internationale devenue un « assemblage[44] ». L'appui qu'il recherche auprès d'elles ne sert pas seulement des intérêts économiques, mais aussi le façonnage d'une image ou la fabrique d'une influence. La réussite des émigrés devient une ressource[45] pour une diplomatie publique qui occupe une place croissante dans les politiques des États. Ambassades et consulats sont au cœur de ces interactions entre État et diaspora et c'est en ce sens qu'il est crucial de bien étudier leurs pratiques.

Cette utilisation des diasporas par la puissance publique renvoie également à un débat sur l'effet du référentiel néolibéral sur la diplomatie, mentionné plus haut. En recourant au concept de gouvernementalité, Michel Foucault souligne une mutation dans l'art de gouverner : l'État pastoral voué à la protection des citoyens aurait laissé la place à un pouvoir qui considère plutôt les populations comme une ressource productive[46]. Ce livre montre à plusieurs reprises que la réalité d'une telle transformation ne s'applique pas vraiment à la France. Elle bute en effet sur la force historique d'un État à la fois régalien et providence qui rend difficile l'évolution d'une diplomatie consulaire uniquement en quête du développement d'une influence.

---

43. Mark Boyle et Elaine L.-E. Ho, « Sovereign Power, Biopower, and the Reach of the West in an Age of Diaspora-centered Development », *Antipode*, 49 (3), p. 577-596.

44. Jason Dittmer, *Diplomatic Material. Affect, Assemblage and Foreign Policy*, Durham, Duke University Press, 2017.

45. Jennifer M. Brinkerhoff, « Diasporas and Public Policy. Distinctions and Future Prospects », *The Hague Journal of Diplomacy*, 14 (1-2), 2019, p. 51-64.

46. Alexei Tsinovoi et Rebecca Adler-Nissen, « Inversion of the "Duty of Care" », art. cité ; Michel Foucault, *Sécurité, territoire, population. Cours au Collège de France, 1977-1978*, Paris, Éditions de l'EHESS-Gallimard-Seuil, 2004.

Nul doute donc que le concept de diplomatie de diaspora est utile pour étudier les pratiques des États à l'égard de leurs diasporas, comme il l'est pour étudier, en sens inverse, celles des diasporas à l'égard des États. Les chapitres qui suivent empruntent à la fois aux concepts de diplomatie consulaire et de diplomatie de diaspora. Scruter les travaux qui s'y rapportent permet de mesurer combien les études diplomatiques nécessitent de ne négliger aucune discipline : l'histoire, le droit, la sociologie politique de l'État et, bien entendu, la science politique des relations internationales. C'est en croisant ces apports disciplinaires que l'on comprend comment la diaspora s'impose comme une variable dans la pratique diplomatique d'un État comme la France.

Chapitre 2
De qui la diaspora française est-elle constituée ?

Si des données statistiques, souvent de source étatique, existent pour mesurer l'émigration française, elles ne sont pas suffisantes pour constituer à elles seules la base d'une analyse solide. Il reste indispensable de les combiner avec un travail sociologique qualitatif d'entretiens et d'observation de terrain, afin de comprendre la trajectoire historique de l'émigration française, la diversité sociale de la diaspora et, enfin, le discours sur la quête du « légitime » retour en France.

Une émigration qui fait peu parler d'elle

Dans la littérature sur les migrations, peu de travaux sont consacrés à l'émigration des Français à l'étranger comparé à la somme d'études sur l'immigration en France. Cette dissymétrie s'explique : la France n'est pas dans l'histoire des grandes migrations un des pays les plus pourvoyeurs de flux. La comparaison étaie le constat. La géographe Béatrice Verquin rappelle que sur « 51,7 millions de départs d'Europe entre 1850 et 1930, la Grande-Bretagne en représentait 22 % (11,4 millions), l'Italie 19,1 % (9,9 millions) et l'Irlande 14,1 % (7,3 millions), alors que seuls 2,4 millions de Français ont quitté l'Hexagone de 1830 à 1917[1] ». Cette modeste émigration française ne signifie pas qu'aucune mobilité n'a eu lieu et n'excuse

1. Béatrice Verquin, « Les Français de l'étranger », art. cité, p. 28.

pas le fait qu'elle ait si peu intéressé la recherche. Les sociologues Sylvain Beck et Agniezska Weinar considèrent même le faible nombre de travaux sur le sujet comme « une aberration dans l'histoire européenne des migrations[2] ». Pour autant, l'État français (et en particulier ses préfets) ne se désintéresse pas complètement des flux sortants. Il cherche à partir du début du XIXe siècle à encadrer les départs en surveillant les agents recruteurs venus de l'étranger, voire à s'opposer à certains départs, comme le montrent les travaux de l'historien François Weil[3].

Au XVIe siècle, l'émigration française est essentiellement dictée par des raisons religieuses et politiques. Au XVIIe siècle, elle est mue par un autre impératif : celui de peupler les colonies. Après la seconde guerre mondiale, elle évolue vers un troisième modèle qui consiste à se rendre à l'étranger pour y mener des tâches professionnelles temporaires[4] : c'est le phénomène de l'expatriation des élites. On peut y ajouter un dernier modèle plus contemporain, à partir des années 1990-2000 : des Français qualifiés, souvent jeunes, partent étudier à l'étranger et s'y installent, afin de profiter des marchés du travail et/ou d'une vie ancrée dans le cosmopolitisme.

Pour ce qui est de la première émigration religieuse et politique, la ville de Genève constitue au XVIe siècle le refuge des protestants français qui fuient les persécutions du pouvoir royal. Les flux commencent vers 1550 et s'intensifient après le massacre de la Saint-Barthélemy en 1572, puis tout au long des guerres de religion qui durent jusqu'en 1598. L'historien Robert Mandrou note que deux tiers des réfugiés protestants à Genève en 1560 sont français, viennent d'une France, précise-t-il, « qui, entre autres provinces importantes pour la Réforme, ne comprend alors (chacun le sait) ni l'Alsace, ni la Franche-Comté[5] ». L'émigration des huguenots

2. Sylvain Beck et Agnieszka Weinar, « Mobile French Citizens and "La Mère-Patrie". Emigration and Diaspora Policies in France », dans Agnieszka Weinar (ed.), *Emigration and Diaspora Policy in the Age of Mobility*, Cham, Springer, 2017, p. 85.

3. François Weil, « The French State and Transoceanic Emigration », dans Nancy L. Green et François Weil (eds), *Citizenship and Those Who Leave. The Politics of Emigration and Expatriation*, Champaign, University of Illinois Press, 2013, p. 114-134.

4. Béatrice Verquin, « Les Français de l'étranger », art. cité, p. 28.

5. Robert Mandrou, « Les Français hors de France aux XVIe et XVIIe siècles », *Annales. Économies, sociétés, civilisations*, 14 (4), 1959, p. 663.

français s'étend à toute l'Europe du Nord (y compris aux îles britanniques et à l'Irlande), mais aussi à l'Amérique du Nord, aux Antilles et à l'Afrique du Sud.

Au XVIIe siècle, un autre mouvement d'émigration voit le jour, en direction des colonies des Antilles et du Canada. Robert Mandrou, s'appuyant sur les recherches de Gabriel Debien, montre que les départs du port de La Rochelle sont le fait de missionnaires, parfois de riches marchands, de protestants, mais aussi de petites gens originaires de l'Ouest de la France (Aunis, Normandie, Saintonge). Ces derniers disposent rarement de la somme nécessaire au voyage et partent comme « engagés » pour trente-six mois, signant un contrat avec le capitaine du navire qui stipule l'obligation de travailler à l'arrivée. Une fois dans les colonies, le capitaine vend sa cargaison humaine aux colons déjà installés. « Les notaires de La Rochelle ont fourni à Gabriel Debien 6 000 départs pour les Îles entre 1634 et 1715, et un peu plus de 800 pour le Canada[6] », note Robert Mandrou. Parmi eux figure Pierre Blais, originaire de la province d'Angoumois, qui débarque à Québec le 25 mars 1664 à bord du navire *Le Noir de Hollande* et passe ses premières années d'« engagé » sur l'île d'Orléans. Ses descendants forment aujourd'hui les membres de l'Association des Blais d'Amérique qui mène un certain nombre d'actions mémorielles, parmi lesquelles l'édification en 2010 d'une stèle en l'honneur de leur illustre ancêtre à Hanc, son village d'origine situé dans le sud du département des Deux-Sèvres[7].

Au XVIIIe siècle, les flux vers les colonies, notamment vers le Québec que le roi de France finit par céder au Royaume-Uni en 1763, se poursuivent, mais modestement. Comme le note Béatrice Verquin, en ayant à l'esprit l'exemple de l'Algérie, « l'émigration coloniale ne connut pas plus de succès que l'émigration lointaine, au point que l'on peut presque affirmer que la France a colonisé de nombreux territoires non pas grâce à l'émigration massive de ses ressortissants, mais plutôt en naturalisant des Espagnols et des Italiens[8] ». Dans les colonies, les militaires et les fonctionnaires en

6. *Ibid.*, p. 669.

7. Association des Blais d'Amérique (www.blaisdamerique.com/lancetre-pierre-blais.html).

8. Béatrice Verquin, « Les Français de l'étranger », art. cité, p. 29.

mission temporaire sont de loin majoritaires. Les colons décidés à s'implanter arrivent souvent après des circonstances particulières (crise politique de 1848, crise du phylloxéra dévastant les vignes du Sud de la France à partir de 1865, annexion de l'Alsace et de la Lorraine en 1871), mais les effectifs sont limités. Dans la période 1851-1940, l'émigration coloniale française, essentiellement vers l'Afrique du Nord et en particulier l'Algérie, représente 55 500 personnes[9]. Des sociétés coloniales locales n'en voient pas moins le jour, avec leurs notables développant des pratiques de vie autonome par rapport à l'administration coloniale, comme le montre l'étude de David Lambert sur les protectorats du Maroc et de Tunisie[10].

L'émigration française lointaine et européenne, motivée par des raisons économiques, est limitée et irrégulière. La France échappe assez largement au puissant mouvement européen d'émigration qui touche la seconde moitié du XIXe siècle et la première moitié du XXe siècle, au moment des grandes transformations démographiques que connaît le continent. Entre 1851 et 1940, 128 100 Français quittent l'Hexagone, les destinations les plus prisées étant les États-Unis, l'Amérique latine (Argentine, Uruguay, Mexique), la Suisse et la Belgique[11]. Cette émigration de la pauvreté concerne Paris, mais aussi des départements ruraux du Sud de la France comme la Gironde, les Hautes-Pyrénées ou encore les Basses-Alpes. Citons entre autres les Béarnais installés en Uruguay ou encore les habitants de la vallée alpine de l'Ubaye au Mexique, qui ont, pour certains, connu des succès économiques éclatants, grâce notamment à l'ouverture des premiers grands magasins de confection à Mexico à compter des années 1880[12]. Mais, là encore, il s'agit de petits effectifs. À la fin du XIXe siècle, les « Barcelonnettes » sont « 5000 à avoir franchi l'océan, et 6000 à 7000 en tout jusqu'en 1950[13] ».

---

9. *Ibid.*, p. 32.

10. David Lambert, *Notables des colonies. Une élite de circonstance en Tunisie et au Maroc (1881-1939)*, Rennes, Presses universitaires de Rennes, 2009.

11. Béatrice Verquin, « Les Français de l'étranger », art. cité, p. 32.

12. Philippe Martin, « De Barcelonnette au Mexique et retour (pour certains). Histoire d'une émigration réussie », *Le Globe. Revue genevoise de géographie*, 148, 2008, p. 173-197.

13. *Ibid.*, p. 176.

Certains restent au Mexique, alors que d'autres reviennent au pays et témoignent, par la taille de leurs maisons, de niveaux variables d'enrichissement et de réussite[14].

Au début du xxe siècle, l'émigration française apparaît donc beaucoup plus limitée que celle d'autres pays européens comme l'Italie, la Grande-Bretagne ou la Pologne. Elle est orientée pour une large part vers les colonies et n'est pas à l'origine de grandes diasporas. Après la première guerre mondiale, les colonies d'Afrique du Nord reçoivent un afflux croissant de populations (43,5 % entre 1931 et 1940), en raison de la politique de l'État visant à peupler en priorité l'Algérie, devenue département français en 1848[15]. Le nombre de Français établis dans les protectorats du Maroc et de Tunisie est respectivement de 330 000 et 180 000 en 1956[16]. Après les indépendances, la plupart d'entre eux retournent en France ou s'installent dans d'autres pays, comme Israël ou le Canada. D'après le recensement de 1954, un million de citoyens non musulmans vivent en Algérie ; parmi eux, des descendants de colons venus de la métropole, mais aussi des juifs berbères ayant obtenu la nationalité française grâce au décret Crémieux de 1870, ainsi que des Italiens et des Espagnols naturalisés après l'application de la loi sur le droit du sol de 1889. L'indépendance de l'Algérie en 1962 provoque un flux massif et précipité de retours : 1,1 million de pieds-noirs sont contraints de rentrer en France et doivent être intégrés sur le territoire national[17].

La décolonisation des années 1950-1960 ouvre la voie au troisième modèle d'émigration française. Celui-ci ne rompt pas complètement avec le modèle colonial, puisqu'il se caractérise par l'envoi de cadres techniques dans les anciennes colonies d'Afrique, que l'on appelle les « coopérants ». Mais il se double d'un départ croissant d'expatriés temporaires mandatés par les entreprises

---

14. Patrice Goury, *Pérégrinations des « Barcelonnettes » au Mexique*, Grenoble, L'Empreinte du temps-Presses universitaires de Grenoble, 1980.

15. Gouvernement général de l'Algérie, *Résultats du dénombrement de la population effectuée le 31 octobre 1954*, Alger, 1957.

16. Catherine Terrien (dir.), *La Migration des Français au Maroc. Entre proximité et ambivalence*, Casablanca, La Croisée des Chemins, 2016 ; Maurice Wolkowitsch, « L'émigration des Français de Tunisie », *Annales de géographie*, 367, 1959, p. 253-257.

17. Jean-Jacques Jordi, *1962 : L'arrivée des Pieds-Noirs*, Paris, Autrement, 2002.

françaises pour faire des affaires dans les différents pays du monde. Il n'est pas aisé de calculer le nombre de Français vivant à l'étranger à partir des années 1960, puisque le seul véritable instrument statistique est l'inscription au registre consulaire qui devient facultatif en 1961. Les chercheurs estiment cependant que ce nombre serait passé de 1,1 million en 1970 à 1,8 million en 2000, avec 69 % des résidences se situant en Amérique du Nord et en Europe de l'Ouest en 1993[18].

À partir des années 2000, l'émigration française évolue à nouveau vers un quatrième modèle, celui de la permanence. Le nombre de coopérants et d'expatriés temporaires se réduit au profit de départs définitifs, toujours en priorité vers les pays d'Europe et les États-Unis, de personnes en majorité qualifiées qui décident de leur propre chef de réaliser un projet professionnel ou simplement de vivre une aventure personnelle à l'étranger, y compris à la retraite. L'installation permanente contribue cette fois-ci à créer de grandes diasporas dans les métropoles occidentales, comme à Genève, à Bruxelles ou encore à Londres et Montréal.

Diversité sociale de la diaspora française

Pour connaître l'effectif exact de la diaspora française, il faudrait que chaque État de résidence collecte systématiquement certains éléments, comme les permis de séjour ou les déclarations fiscales, mais ces informations sont aléatoires selon les pays. Les réseaux sociaux, comme LinkedIn, constituent d'autres indicateurs de mobilité utilisables dans le cadre de travaux qualitatifs, mais, là aussi, avec une bonne dose d'incertitude. Le chercheur reste donc largement tributaire des informations consulaires françaises formelles (l'inscription au registre des Français établis hors de France) et informelles (les estimations officieuses des postes diplomatiques sur le nombre réel de Français).

Au 31 décembre 2020, le ministère de l'Europe et des Affaires étrangères comptabilise 1,7 million de Français inscrits au registre. Des estimations de consulats sur les non-inscrits arrivent cependant

---

18. Béatrice Verquin, « Français établis hors de France. Définitions, délimitations, sources et concepts », dans Ida Simon-Barouh (dir.), *Dynamiques migratoires et rencontres ethniques*, Paris, L'Harmattan, 1998, p. 73-86.

à la conclusion officieuse de 3,4 millions de Français vivant à l'étranger, de manière permanente ou temporaire[19]. Selon un diplomate interrogé en mai 2018, ce dernier chiffre serait surestimé, « les statisticiens considérant raisonnablement que les Français de l'étranger seraient 2,5 millions[20] ». On mesure ici les effets de l'absence d'outil de comptage fiable.

Une inscription au registre pourrait être exigée, comme cela fut le cas avant 1961. Peu de démocraties libérales maintiennent une telle obligation à l'égard de leurs nationaux, car quitter son pays ne signifie pas nécessairement vouloir conserver des liens avec lui. Le Japon constitue une exception, puisque l'inscription consulaire y demeure obligatoire pour tous les nationaux vivant à l'étranger[21]. En France, le défaut d'inscription concerne pour une large part les citoyens établis dans les pays d'Amérique du Nord et d'Europe. Souvent binationaux et considérant que les États des pays de résidence sauront les protéger en cas d'atteinte à leur personne ou à leurs biens, ils n'y éprouvent pas le besoin de rechercher la sécurité du consulat. Il en est de même des étudiants qui se sentent généralement installés à l'étranger de façon temporaire, même lorsqu'ils y séjournent plusieurs années. Le surgissement d'une crise peut amener les Français à s'inscrire en urgence au consulat. Après l'invasion militaire russe en Ukraine, en février 2022, ce fut le cas de 400 Français de Roumanie, essentiellement des étudiants à Bucarest, à Cluj et à Iaşi[22]. Il n'en demeure pas moins que la mesure d'une diaspora sur la base de ces inscriptions consulaires reste incertaine. Fin 2018, le consul général de France à Londres estimait qu'environ 300 000 Français résidaient dans la capitale britannique, alors qu'ils n'étaient pas plus de 147 500 à s'être inscrits sur le registre[23]. La difficulté d'évaluation est accrue par le fait que l'inscription sur les listes électorales d'un consulat, qui permet aux Français de l'étranger de voter aux élections nationales

19. Ministère de l'Europe et des Affaires étrangères, « Rapport 2021 du gouvernement sur la situation des Français établis hors de France », Paris, 2021, p. 13.

20. Entretien, DFEAC, ministère des Affaires étrangères, 22 mai 2018.

21. Entretien, consulat de France, Tokyo, 13 juillet 2017.

22. Entretien, consulat de France, Bucarest, 30 mars 2022.

23. Christian Lequesne, « La diaspora française de Londres à l'heure du Brexit », *Les Études du CERI*, 250, juillet 2020, p. 6.

et consulaires, est à présent dissociée du registre. L'inscription consulaire doit de plus être renouvelée tous les cinq ans sous peine de radiation, une formalité qui n'est pas forcément remplie par les membres de la diaspora établis de longue date dans un pays[24].

Selon les chiffres publiés par le ministère de l'Europe et des Affaires étrangères, au 31 décembre 2020, 66,9 % des Français inscrits dans les consulats se répartissent dans trois groupes régionaux : 29,7 % dans les pays de l'Union européenne[25], 21,3 % dans les autres pays d'Europe, le Caucase et l'Asie centrale, et 15,9 % en Amérique du Nord (avec une présence plus forte aux États-Unis qu'au Canada). Les autres résident en Afrique (14,5 % dont 6,5 % en Afrique du Nord), aux Proche- et Moyen-Orient (8,1 %), en Asie-Océanie (8,1 %) et en Amérique centrale et latine (4,2 %). Par conséquent, un Français sur trois est inscrit dans un consulat d'Amérique du Nord ou de l'Union européenne[26], et ce sont dans ces régions du monde que se trouvent les cinq premiers pays d'émigration comptant plus de 100 000 Français (Suisse, États-Unis, Royaume-Uni, Belgique et Allemagne)[27]. Dans ces pays, la diaspora française habite en priorité les grandes métropoles (Genève, New York, Los Angeles, Londres, Bruxelles, Francfort et Munich).

Les statistiques publiées par le ministère de l'Europe et des Affaires étrangères ne disent rien de la répartition par genre des Français de l'étranger. Généralement, la direction des Français de l'étranger et de l'administration consulaire (DFEAC) avance des chiffres qui traduisent une division quasiment paritaire (en 2020, 49,9 % d'hommes et 50,1 % de femmes)[28]. En revanche, l'âge des inscrits ainsi que leur appartenance aux catégories socioprofessionnelles font défaut, sans que l'on sache si les données agrégées n'existent pas ou si c'est un choix de ne pas les publier. Ces manques ajoutent aux difficultés d'établir une sociologie fine des Français de l'étranger. Seul le travail de terrain, pays par pays, permet au chercheur de se faire une idée plus précise de qui ils sont

---

24. Entretien avec une élue pour l'Allemagne de l'AFE, 19 août 2021.

25. Incluant encore le Royaume-Uni.

26. Ministère de l'Europe et des Affaires étrangères, « Rapport 2021 du gouvernement sur la situation des Français établis hors de France », rapport cité, p. 14-18.

27. *Ibid.*, p. 19.

28. *Ibid.*, p. 20.

Tableau 1 – Liste des 25 pays affichant les plus grands effectifs au registre des Français établis hors de France (2005-2021)

Pays	2005	2010	2014	2015	2016	2017	2018	2019	2020	2021
Suisse	128 701	145 108	167 207	175 700	179 597	187 232	188 691	184 887	176 425	174 820
États-Unis	106 099	115 058	135 837	141 942	157 849	163 699	164 542	158 002	148 468	136 533
Royaume-Uni	102 470	113 655	126 804	127 837	140 224	147 506	146 213	147 548	144 084	136 046
Belgique	79 828	101 236	117 782	120 724	124 978	127 558	124 182	121 558	109 885	105 684
Canada	60763	71 404	86 837	92 116	101 541	103 967	100 356	99 289	98 894	94 940
Allemagne	101 391	111 742	112 879	114 020	118 331	116 388	112 903	109 425	101 048	91 879
Espagne	71 226	89 391	90 610	86 016	84 730	85 121	83 331	83 614	80 894	78 721
Israël	42 573	59 018	51 945	50 451	50 640	52 982	53 404	53 317	49 597	52 390
Maroc	30 003	41 129	49 195	51 109	52 728	54 043	54 674	53 824	51 521	51 008
Italie	41 494	46 554	46 113	44 835	44 112	43 877	41 544	40 168	36 646	33 368
Algérie	38 080	28 287	34 371	38 325	40 717	41 780	40 908	40 173	35 200	32 812
Luxembourg	21 714	26 136	33 378	33 362	34 839	35 872	36 040	35 784	33 392	31 325
Émirats arabes unis	6 790	12 453	19 324	20 638	22 502	22 822	23 054	23 736	23 991	24 390
Chine	13 585	27 207	31 334	31 296	31 252	30 824	29 391	28 934	27 216	24 092
Jérusalem	13 158	19 730	24 146	21 964	20 496	19 348	17 771	17 201	18 448	22 455
Tunisie	15 463	19 995	23 279	21 932	22 438	23 324	23 539	23 230	22 389	21 571
Mexique	13 510	16 404	17 728	18 537	18 235	18 745	19 813	20 687	21 136	21 382
Sénégal	16 813	16 817	20 194	20 252	20 299	20 374	21 339	21 712	22 104	21 332
Australie	14 270	15 821	22 539	24 284	25 267	25 348	24 834	24 825	23 298	21 233
Liban	17 564	19 725	22 901	22 121	23 046	24 181	24 230	25 022	23 534	21 070
Pays-Bas	18 519	23 593	23 753	24 001	25 685	26 131	25 920	24 404	22 389	20 584
Côte-d'Ivoire	11 554	13 094	15 229	16 429	17 034	17 776	17 856	18 095	17 588	17 356
Portugal	11 956	15 049	15 181	15 284	16 448	17 432	16 611	17 245	16 785	16 206
Madagascar	19 602	19 930	18 532	18 299	18 012	17 622	16 931	16 287	15 676	15 343
Brésil	15 630	18 757	21 509	21 670	20 944	19 942	18 503	16 916	14 652	14 765

Source : ministère de l'Europe et des Affaires étrangères, « Rapport 2022 du gouvernement sur la situation des Français établis hors de France », Paris, 2022.

et de ce qu'ils font. Il faut immédiatement résister, comme j'ai eu l'occasion de le montrer dans une étude préalable sur les Français de Londres[29], à la tentation de les réifier en les présentant comme un groupe homogène. L'émigration française est traversée par une grande diversité sociale, et s'il existe des points d'intersection et de rassemblement (comme l'exercice du vote ou l'inscription des enfants dans les lycées français), la diaspora est une addition de groupes sociaux spécifiques.

À l'échelle globale, cinq grands groupes au moins de Français de l'étranger se distinguent. Le premier est celui des binationaux, c'est-à-dire des personnes vivant à l'étranger en ayant la nationalité française en plus de celle de leur pays de résidence. En 2020, ce groupe rassemble un tiers des inscrits au registre (32,7 %), mais 68,7 % en Afrique du Nord, 49 % aux Proche- et Moyen-Orient et 41 % en Afrique francophone[30]. Qui sont ces binationaux ? Il y a d'abord les descendants de « colonisés » qui ont gardé la nationalité française par filiation. C'est le cas des Franco-Indiens de Pondichéry ou des Indo-Pakistanais de Madagascar, connus sous le nom de Karanes. Cette première catégorie est en nette baisse, puisqu'elle est directement visée, à mesure que la période coloniale s'éloigne, par la perte de nationalité par désuétude ou non-usage. L'article 30-3 du Code civil permet en effet de déposséder de la nationalité française par jugement toute famille qui a négligé de matérialiser son « allégeance » (une demande de documents d'identité par exemple), ou qui s'est délibérément éloignée du pays pendant plus d'un demi-siècle (absence de résidence en France)[31]. La deuxième catégorie de binationaux est constituée d'immigrés qui retournent dans leur pays d'origine en ayant acquis la nationalité française. Ce cas de figure concerne très largement des personnes dont la famille est originaire d'Afrique du Nord, mais aussi du Liban. Il y a enfin le cas de la diaspora franco-israélienne : ce sont les citoyens français de confession juive qui ont décidé de faire leur alyah en Israël, soit pour y étudier ou y travailler, soit pour y passer leur retraite. En

---

29. Christian Lequesne, « La diaspora française de Londres à l'heure du Brexit », art. cité.

30. Ministère de l'Europe et des Affaires étrangères, « Rapport 2021 du gouvernement sur la situation des Français établis hors de France », rapport cité, p. 20.

31. Paul Lagarde, « La perte de nationalité française par désuétude en zone de turbulences », *Revue critique de droit international privé*, 4, 2019, p. 949-957.

2019, le consulat général de France à Tel Aviv estime à 120 000 le nombre de Franco-Israéliens vivant en Israël[32] (40 d'entre eux au moins sont morts et 9 sont portés disparus après l'intervention terroriste du Hamas sur le territoire israélien le 7 octobre 2023). La station balnéaire de Netanya, au nord de Tel Aviv, est de ce point de vue un lieu représentatif. Il s'agit d'une enclave française dans laquelle vivent de nombreux Franco-Israéliens retraités, pour la plupart d'origine sépharade. Ils y adoptent le style de vie méditerranéen qu'ils associent dans leur imaginaire à celui de leurs parents ou grands-parents en Afrique du Nord. Agences immobilières, commerces et cafés affichent leurs services en hébreu et en français[33]. Ces Franco-israéliens se sentent concernés par deux vies politiques, celle d'Israël, où ils soutiennent souvent le parti Likoud, et celle de France, qu'ils continuent de suivre par le biais des médias et de leur famille restée dans le pays d'origine[34].

Le deuxième groupe est celui des expatriés au sens strict des sciences sociales. Il s'agit de Français qui passent plusieurs années à l'étranger pour des raisons professionnelles avec la perspective d'un retour en France ou d'une mutation dans un autre pays. Munis d'un contrat signé par une entreprise ou une administration française, ils bénéficient d'une rémunération bonifiée, de la location d'un logement et de la prise en charge des frais de scolarité de leurs enfants dans les écoles internationales[35]. Les expatriés ont souvent multiplié les expériences professionnelles dans plusieurs pays du monde et ne se sentent pas forcément attachés à la culture du pays dans lequel ils résident. Cette catégorie d'émigrés français, que Béatrice Verquin considère comme les marqueurs de la « fin du modèle colonial[36] » de l'après-seconde guerre mondiale, est en diminution depuis les années 2000. Les entreprises françaises et internationales, mais aussi les administrations, sont aujourd'hui moins enclines à délivrer des contrats d'expatriation coûteux. Dans le cas du personnel enseignant des lycées français à l'étranger,

---

32. Entretien, consulat général de France, Tel Aviv, 11 juin 2019.
33. Observation participante, Netanya, 13 juin 2019.
34. Entretiens avec des Franco-Israéliens, Netanya, 11 juin 2019.
35. Anne-Catherine Wagner, *Les Nouvelles Élites de la mondialisation. Une immigration dorée en France*, Paris, PUF, 1998.
36. Béatrice Verquin, « Les Français de l'étranger », art. cité, p. 43.

peu, à l'exception de l'équipe de direction, en bénéficie en 2023. Cette politique restrictive conduit du reste à la formation d'une nouvelle catégorie d'expatriés : ceux qui acceptent de travailler temporairement à l'étranger munis d'un contrat de droit local[37]. À la différence des précédents, ils ne bénéficient plus automatiquement de la prise en charge de leur logement ou des frais de scolarité de leurs enfants. Il s'agit souvent de jeunes cadres qui sont attirés par des postes qualifiés et les grandes métropoles, sans prétendre à la même aisance financière que les expatriés « à l'ancienne ». En 2018, ce quarantenaire diplômé de l'Institut universitaire professionnel d'Angers, travaille dans le négoce de cacao en Côte-d'Ivoire, après avoir occupé des emplois au Maroc et au Ghana. Il n'hésite pas à dire : « Je n'imagine pas ma vie en dehors de l'étranger [...]. Pour moi, la vie nécessite d'avoir des racines et des ailes, et les ailes sont à l'étranger pour découvrir le monde [...]. Au bout de quatre ans en Afrique, je suis prêt à vivre dans un autre pays, par exemple en Asie, si le travail offert y est intéressant[38]. » Dans son contrat de travail à Abidjan signé avec une compagnie mexicaine, les frais de scolarité de ses enfants ne sont pas pris en compte, si bien que la famille prend en charge le coût de leur scolarité au lycée français.

Le troisième groupe est celui des émigrés permanents qui quittent la France pour des raisons professionnelles, fiscales, de vie privée (notamment pour suivre un conjoint), mais aussi pour passer leur retraite. Cette catégorie se trouve très représentée en Amérique du Nord et dans les pays de l'Union européenne. Parmi les travailleurs, on trouve des personnes ayant des niveaux de diplômes élevés (comme les banquiers et les médecins de Londres et de New York), mais aussi des professions intermédiaires qualifiées (comme les agents de banque, les aides-éducateurs et les programmeurs au Québec). En 2016, 15 % des diplômés français des grandes écoles de commerce sont partis à l'étranger pour un premier emploi[39]. Quant aux retraités qui choisissent de s'installer définitivement à l'étranger, ils le font généralement pour bénéficier d'un coût de

37. Anne-Meike Fechter, *Transnational Lives. Expatriates in Indonesia*, Londres, Routledge, 2016.

38. Entretien avec un Français expatrié, Abidjan, 31 octobre 2019.

39. Cécilia García-Peñalos et Étienne Wassmer, « Préparer la France à la mobilité internationale croissante des talents », *Les Notes du Conseil d'analyse économique*, 31, mai 2016.

l'immobilier et d'une fiscalité plus favorables qu'en France, ainsi que de bonnes conditions climatiques. C'est le cas par exemple de ceux qui choisissent d'acheter des propriétés dans la région de l'Algarve, au sud du Portugal. Cette catégorie des «émigrés par choix» est celle qui se développe le plus depuis les années 1990.

Le quatrième groupe se compose de Français de moins de 30 ans qui profitent de la libre circulation européenne pour occuper à Berlin, à Dublin ou à Londres (avant le Brexit) des «petits boulots» ne demandant pas une forte qualification initiale, dans la restauration ou les services (par exemple, la garde d'enfants). Il ne s'agit pas forcément de non-diplômés. Certains sont titulaires d'un BTS ou d'une licence acquis dans le système d'enseignement supérieur français. Recrutés avec des contrats souvent partiels et précaires, ils sont payés au salaire minimum (qui était à Londres, en avril 2019, de 6,15 livres par heure pour les 18-20 ans, de 7,38 livres pour les 21-24 ans et de 8,21 livres pour les plus de 25 ans[40]) et travaillent souvent de longues heures pour payer une colocation. La nouvelle politique migratoire post-Brexit affecte bien entendu en priorité cette catégorie d'émigrés. Leur départ de France s'explique par la difficulté à trouver un premier emploi, mais aussi par le désir de parfaire une langue étrangère (et notamment l'anglais) parfois négligée à l'école. Ce groupe compte en outre des jeunes Français issus de l'immigration attirés par les grandes métropoles cosmopolites où il leur semble que la discrimination ethnique et raciale nuit moins à leur insertion sociale et professionnelle que dans n'importe quelle ville de France. Un nombre inconnu de Français travaillent également à l'étranger sans contrat, c'est-à-dire illégalement.

Le cinquième et dernier groupe se compose de trois sous-groupes dont la caractéristique commune est de séjourner à l'étranger d'une manière encore plus temporaire que les expatriés : les étudiants, les touristes et les e-travailleurs. En 2017, 89 379 étudiants français poursuivaient un cursus dans une université étrangère, classant la France au 6e rang de la mobilité étudiante sortante avec une augmentation de 39 % des flux depuis 2012[41]. Cette population étudiante, par essence hétérogène, peut rester entre quelques

40. Christian Lequesne, «La diaspora française de Londres à l'heure du Brexit», art. cité., p. 10.

41. Campus France, *Chiffres clés*, février 2020, p. 12 (www.campusfrance.org).

mois à l'étranger (comme les étudiants du programme européen Erasmus + pour lequel la France occupe le 1er rang en 2019 avec 57 087 séjours[42]) et plusieurs années. Les années 2000 voient se développer au sein des classes sociales supérieures, surtout parisiennes, mais aussi dans les familles de Français de l'étranger, un modèle d'éducation encore peu étudié par la recherche : celui-ci consiste à encourager les enfants à étudier dans les universités étrangères de langue anglaise après le baccalauréat, comme l'université McGill à Montréal, la London School of Economics and Political Science à Londres ou encore l'université Columbia à New York. Si l'université McGill propose des frais de scolarité allégés pour les étudiants français, en vertu d'un accord de réciprocité entre la province de Québec et la France[43], étudier dans les universités britanniques et américaines nécessite de s'acquitter de droits d'entrée élevés que seuls des parents très aisés peuvent assumer. Par ailleurs, on voit de plus en plus de contingents d'étudiants français en médecine partir à l'étranger pour échapper aux règles du *numerus clausus* puis, à partir de 2021, du *numerus apertus*, qui se pratiquent en France pour réguler l'entrée en deuxième année[44]. Les destinations prisées sont la Belgique, où la présence massive d'étudiants français amène la région Wallonie-Bruxelles à limiter en 2012 l'inscription des « non-résidents » aux études de médecine[45], mais aussi la Roumanie, où des universités publiques, comme celles de Cluj Napoca et Iaşi, ouvrent des filières francophones en médecine et en chirurgie dentaire (en 2022, ces étudiants résident en moyenne six ans en Roumanie)[46]. Comme les expatriés, cette catégorie d'émigrés français mène souvent une vie *off-shore*, maîtrisant peu la langue locale et cultivant un fort entre-soi[47].

---

42. Programme Erasmus + (www.education.gouv.fr/le-programme-erasmus-9890).

43. Accord revu en 2015 par le gouvernement libéral du Québec pour aligner les frais de scolarité des étudiants français nouvellement inscrits en premier cycle non plus sur ceux des étudiants québécois mais sur ceux des Canadiens originaires d'autres provinces, ce qui reste inférieur aux frais appliqués aux étudiants internationaux.

44. Je remercie le docteur Fanny Grimaud de m'avoir éclairé sur ce point.

45. Chloé Woitier, « Médecine : la Belgique veut moins d'étudiants français », *Le Figaro étudiant*, 27 juin 2012.

46. Institut français de Roumanie, *Guide des formations universitaires francophones en Roumanie*, Bucarest, 2022 (https://issuu.com/ifbucarest/docs/ghid_2022).

47. Entretien, consulat de France, Bucarest, 30 mars 2022.

Les adeptes d'un tourisme héliotrope constituent le deuxième sous-groupe. Étudiés à travers le cas des citoyens américains au Mexique[48], ces émigrés temporaires, retraités, passent les mois d'hiver sous des latitudes ensoleillées. Au Maroc, ils vivent en camping-cars et forment des villages de vacances itinérants. La pandémie de Covid-19 a contribué à rendre visible ce phénomène, le ministère français de l'Europe et des Affaires étrangères ayant dû organiser vingt-deux rotations maritimes entre le Maroc et Sète, Marseille et plusieurs ports espagnols, afin de rapatrier 4 000 camping-caristes[49]. Ces personnes entretiennent des contacts limités avec la population locale. Celle-ci profite certes économiquement de leur présence mais beaucoup moins que du tourisme estival classique, incomparablement plus rémunérateur.

Enfin, le troisième sous-groupe se compose de Français qui exercent leur profession uniquement par le biais du télétravail en changeant régulièrement de lieu de vie. Il s'agit du modèle le plus contemporain d'émigration française, qui concerne essentiellement des auto-entrepreneurs et des travailleurs indépendants n'ayant plus nécessairement d'habitat fixe. Les choix de résidence sont guidés par le coût et la qualité de la vie, la fiscalité et le droit du travail. Les télétravailleurs nomades peuvent vivre dans « des logements temporaires, dans des hôtels ou dans des espaces de *co-living* spécialement adaptés[50] ». En 2020 et 2021, ils ont pu choisir des pays dans lesquels les conditions de confinement contre la Covid-19 étaient moins drastiques qu'en France, comme l'île portugaise de Madère. Certains États élaborent même des politiques publiques pour les attirer. Le gouvernement estonien a ainsi « développé une "e-résidence" à destination des travailleurs nomades du monde entier[51] ». En raison des va-et-vient permanents entre la France et l'étranger et du changement fréquent de pays, ces émigrés restent

---

48. Sheila Croucher, *The Other Side of the Fence. American Migrants in Mexico*, Austin, Texas University Press, 2010.

49. Ministère de l'Europe et des Affaires étrangères, « Rapport 2021 du gouvernement sur la situation des Français établis hors de France », rapport cité, p. 65-66.

50. Anne Genetet, « La mobilité internationale des Français », rapport au Premier ministre, Paris, 2018, p. 249.

51. *Ibid.*, p. 250.

souvent plus éloignés de l'administration consulaire française. Ils font le choix d'une mobilité qui n'est pas toujours compatible avec l'entretien d'un lien institutionnel.

La diversité de ces cinq groupes permet immédiatement de prendre la mesure de l'hétérogénéité sociale qui caractérise la diaspora française. En fonction de l'appartenance à l'un ou l'autre groupe, les relations des Français de l'étranger ne sont les mêmes ni avec la France ni avec le ou les pays de résidence. C'est ce défi de la diversité que l'État d'origine doit prendre en compte dans sa pratique de la diplomatie consulaire et dans l'établissement de sa diplomatie de diaspora.

Le « légitime » retour en France

Il est difficile d'analyser le phénomène du retour en France des émigrés français, dans la mesure où le comportement idéal-typique consistant à « quitter complètement la France » *versus* « rentrer définitivement en France » est remis en cause par le modèle de l'émigration temporaire ou pendulaire. Un nombre croissant d'émigrés français, parmi les binationaux notamment, vit « à cheval » entre la France et un autre pays, et pratique des allers-retours. Les télétravailleurs ont une mobilité encore plus grande puisqu'ils partagent leur vie entre la France et non pas un mais plusieurs pays étrangers.

Parce que la France reste un pays attaché à l'occupation de son territoire, l'encouragement au « légitime » retour des émigrés fait partie du discours politique officiel. Cette incitation s'observe dans l'expression publique des responsables politiques. Le candidat Nicolas Sarkozy lance ainsi à la diaspora française à Londres en 2007 : « Revenez ! On a besoin de votre intelligence et de votre enthousiasme[52]. » Dix ans plus tard, en 2017, c'est au président nouvellement élu, Emmanuel Macron, de déclarer, après avoir largement bénéficié des suffrages des Français de l'étranger : « Je ne veux plus que la France, on en parle à l'étranger, simplement en expliquant pourquoi on l'a quittée ; je veux que les Françaises et les Français qui vivent à l'étranger expliquent pourquoi ils

52. « Sarkozy drague les expatriés », *L'Express*, 31 janvier 2007.

ont envie d'y revenir, pourquoi ils sont fiers de leur pays[53]. » Ces discours martèlent aux émigrés français que leur place est à l'intérieur des frontières de l'Hexagone, car c'est là qu'on y construit, selon la célèbre formule de Renan, le « vouloir vivre ensemble[54] ». Ils témoignent aussi du fait que l'émigration peut être perçue en France comme une forme d'abandon, voire de fuite et même de trahison, le soupçon d'évasion fiscale lui étant souvent associé. Si le phénomène existe dans une France où l'impôt est élevé, notamment pour les foyers déclarant plus de 100 000 euros de revenus annuels, le ministère des Finances estime toutefois, en 2019, qu'il concerne à peine 0,5 % des foyers fiscaux et seulement quelques pays, comme la Belgique, la Suisse, le Royaume-Uni ou encore le Portugal[55].

Les appels au retour des émigrés dans le discours politique et la suspicion d'un exil fiscal sont en fait les deux faces d'une même représentation : celle d'une émigration perçue comme une forme de reniement de la nation. Le retour en France n'en est pas moins marqué par une série d'obstacles. Culturellement d'abord, la vie à l'étranger crée des formes d'hybridation qui amènent à ne plus toujours se sentir complètement à l'aise avec le modèle national, comme l'a bien analysé Antonio Alejo à propos du retour au pays des Américains partis au Mexique[56]. Dans la pratique ensuite, il est parfois difficile de faire valoir son expérience à l'étranger auprès des administrations et sur le marché du travail. Ancienne ministre déléguée chargée des Français de l'étranger de 2012 à 2014, la sénatrice socialiste Hélène Conway-Mouret remet, en juillet 2015, un rapport au Premier ministre Manuel Valls sur ces difficultés[57]. Le même thème constitue une part substantielle du rapport sur

---

53. Discours d'Emmanuel Macron devant l'Assemblée des Français de l'étranger, Paris, 2 octobre 2017.

54. Ernest Renan, « Qu'est-ce qu'une nation ? », conférence à la Sorbonne, Paris, 11 mars 1882.

55. *Les Échos*, 6 février 2019.

56. Antonio Alejo, « Migrant Diplomacy. Rethinking Diplomacies Beyond State-Centric Perspectives. A Civic Bi-Nationality Experience for North America », *Migration Letters*, 17 (1), 2020, p. 17-36.

57. Hélène Conway-Mouret, « Retour en France des Français de l'étranger », rapport au Premier ministre, Paris, juillet 2015.

la mobilité internationale des Français, remis en juin 2018 par la députée LREM-Renaissance Anne Genetet au Premier ministre Édouard Philippe[58].

Il n'existe pas de chiffres précis sur les retours en France des Français de l'étranger. Analysant les résultats d'une enquête du secrétariat général à la Modernisation de l'action publique portant sur 7 255 cas, Hélène Conway-Mouret tire les conclusions suivantes : le seuil des difficultés est atteint après six années d'absence, or 47 % des enquêtés ont une expérience à l'étranger de plus de six ans, 22 % de trois à six ans, 23 % de moins de trois ans et 8 % n'ont jamais résidé en France ; 63 % des retours le sont depuis l'Afrique et l'Europe ; 59 % des Français rentrent, parce qu'ils sont en fin de contrat professionnel et 21 % pour un motif familial ; enfin, 39 % retournent en France après une expérience professionnelle en contrat local et 14 % seulement à la fin de leur contrat d'expatriation. Sans entrer dans le détail, les principales difficultés rencontrées au moment du retour sont liées à l'inscription ou à la réinscription à l'assurance maladie, à la recherche d'un emploi, à la quête d'un logement et au calcul de la retraite[59]. Les rentrants, dès lors qu'ils ne cochent pas les mêmes « cases » que les autres citoyens, se trouvent souvent confrontés à des administrations peu ouvertes à leur situation. Certaines partagent avec la société dans son ensemble les mêmes représentations négatives d'une émigration qu'elles associent à un exil fiscal. Les candidats au retour qui se sont forgé une identité cosmopolite se sentent dès lors vite frustrés de voir que la France qu'ils retrouvent n'est guère ouverte à l'apport d'expériences internationales.

S'il est une activité professionnelle dont on pourrait s'attendre qu'elle valorise l'expérience à l'étranger, c'est bien l'enseignement supérieur et la recherche. Or ceci est loin d'être le cas. Voici un exemple concret issu des délibérations d'une section du Conseil national des universités (CNU) dans une discipline de sciences sociales. En 2021, un chercheur français trentenaire, ayant passé plusieurs années à l'étranger après avoir soutenu sa thèse de doctorat à Paris, présente un dossier en vue d'obtenir sa qualification – une

---

58. Anne Genetet, « La mobilité internationale des Français », rapport cité.

59. Hélène Conway-Mouret, « Retour en France des Français de l'étranger », rapport cité, p. 13.

particularité française qui consiste à confier à une instance nationale composée de représentants de la discipline élus ou nommés le droit d'autoriser à concourir aux recrutements dans les universités publiques. La procédure dans la section concernée prévoit l'évaluation par deux rapporteurs. Le premier, professeur dans la discipline, souligne « un parcours très internationalisé avec des publications dans des revues à comité de lecture sur un support éditorial très internationalisé [...] et des séjours de recherche prolongés » à l'étranger. Il conclut : « Il s'agit d'un dossier atypique mais de qualité et suis tout à fait favorable à la qualification du candidat[60]. » Le second rapporteur, maître de conférences dans la discipline, écrit à l'inverse : « Il est un peu étonnant que huit ans après la fin de sa thèse, [le candidat] n'ait jamais publié le moindre de ses travaux dans une revue française de [la discipline]. Deuxièmement, il est surprenant qu'à l'exception de deux séminaires au [laboratoire parisien avec lequel il a signé un contrat temporaire] où il travaille, le candidat n'ait jamais présenté ses travaux dans des colloques, séminaires ou journées d'études de [la discipline] en France[61]. » Le rapport négatif, rédigé par un universitaire dont les publications sont, en 2023, huit fois moins citées sur l'application *Google Scholar* que celles du candidat, aboutit au rejet de la qualification par la section disciplinaire.

Une section du CNU refuse ainsi l'accès à la profession d'enseignant-chercheur à un Français ayant quitté le territoire national, au seul motif que sa socialisation scientifique s'est faite à l'étranger et qu'il n'a pas assez écrit en langue française. Les associations et syndicats de la discipline concernée n'ont jamais engagé un débat sérieux sur cette question. Ils n'en ont aucun intérêt : trop de profils externes (Français de l'étranger, mais aussi étrangers) bouleverseraient les règles du jeu corporatiste national sur la base duquel s'opère le partage des postes entre les groupes qui composent les disciplines. Le candidat français, auquel la qualification est refusée en 2021, est recruté l'année suivante par une université néerlandaise qui se développe rapidement grâce à l'apport de professeurs étrangers. Il n'envisage plus de demander la

---

60. Rapport communiqué par le candidat à l'auteur, 2021.

61. *Ibid.*

qualification du CNU, estimant avoir peu de chances d'être retenu par ses pairs français en raison d'une trajectoire scientifique n'étant pas considérée comme assez « nationale[62] ».

Ce type de pratiques explique qu'une majorité des membres de la diaspora française hésitent à rentrer en France[63]. Leur choix de rester dans le pays de résidence peut mener à une relation ambiguë et contradictoire à l'égard de la France. Au sein de la diaspora de Londres, par exemple, qui choisit massivement de ne pas quitter la capitale britannique après le Brexit, un nombre de Français très qualifiés et prospères, installés de manière permanente, peuvent se montrer très critiques à l'égard de l'État français, tout en envoyant leurs enfants étudier dans les lycées français et en se constituant en groupe d'intérêt lorsque l'État décide d'y réduire le nombre de professeurs[64].

La problématique du retour des Français de l'étranger en France est prise en compte par les services consulaires, bien qu'elle ne relève pas prioritairement de leur mission. Le rapport Conway-Mouret montre en effet que c'est auprès de ces services, avant même les administrations locales en France et les services spécialisés des employeurs, que s'adressent les candidats au retour[65]. D'où l'existence d'un paradoxe français : les responsables politiques ne cessent de souligner haut et fort dans la sphère publique la légitimité de ce retour, quand la représentation négative de l'émigration au sein de la société française, au-delà des problèmes concrets de reconnaissance des diplômes et des expériences professionnelles, concourt à le décourager.

L'histoire, la diversité sociologique et les difficultés du retour en France sont des marqueurs de la population française à l'étranger, que la diplomatie doit prendre en compte. C'est pour cette raison que l'État a fait de la diaspora une catégorie administrative à part entière.

---

62. Entretien avec le candidat au CNU, Paris, 25 mai 2023.

63. C'est clairement le cas lors des entretiens à Londres, en octobre 2018, et en Israël, en juin 2019.

64. Entretiens, ambassade de France et lycée Charles-de-Gaulle, Londres, 3 octobre 2018.

65. Hélène Conway-Mouret, « Retour en France des Français de l'étranger », rapport cité, p. 20.

Chapitre 3

Le statut de « Français établi hors de France »

Le moyen choisi par l'État pour construire un lien avec le Français de l'étranger consiste, depuis la fin de la seconde guerre mondiale, à lui conférer un statut institutionnel spécifique. C'est sur celui-ci qu'il s'appuie pour organiser sa diplomatie consulaire protectrice.

Après avoir retracé l'histoire de l'invention du « Français établi hors de France », nous analyserons la relation que l'administration consulaire entretient avec lui pour enfin étudier le rôle de la représentation notabiliaire que l'institutionnalisation de ce statut fait émerger.

La genèse d'un statut

En raison soit d'une histoire coloniale particulière, soit d'une longue expérience d'émigration, plusieurs États du monde ont créé un statut spécifique pour leurs nationaux vivant en dehors du territoire national. Celui-ci donne lieu à l'octroi de droits particuliers, comme le vote aux élections nationales, mais aussi à une représentation parlementaire et corporatiste propre. Dans la plupart des cas, seuls les détenteurs de la nationalité sont concernés, mais parfois le spectre des bénéficiaires est plus large. L'Inde revendique ainsi une diaspora de 32 millions de personnes[1]. Pour maintenir

1. Ministère des Affaires extérieures (Inde), *Report of the High-Level Committee on the Indian Diaspora*, New Delhi, 2019.

le lien avec ce vaste groupe, l'État indien a créé plusieurs statuts : les détenteurs de la nationalité indienne appelés « Indiens non résidents » ; les « citoyens indiens d'outre-mer » et les « personnes d'origine indienne » qui, sans disposer de la nationalité, bénéficient de privilèges spécifiques, comme l'obtention d'un visa de longue durée pour séjourner en Inde. La nationalité n'est donc pas le seul critère, l'ethnicité est également prise en compte. Compte tenu de l'histoire indienne, marquée par les déplacements forcés de populations au temps de l'Empire britannique, mais aussi par l'émigration pour le travail après l'indépendance, les Indiens de l'étranger peuvent représenter une part essentielle de la population d'autres pays, tels les îles Fidji ou les Émirats arabes unis. Ils peuvent même constituer l'ethnie majoritaire, comme à l'île Maurice[2].

Au sein de l'UE, les États qui reconnaissent des droits particuliers à leur diaspora le font sur la base de la seule nationalité et ce, indépendamment des droits politiques et consulaires que les traités européens confèrent aux citoyens installés dans un autre pays de l'UE depuis le traité de Maastricht. C'est le cas de la Croatie, de l'Italie, du Portugal, de la Roumanie et de la France. Le Royaume-Uni, qui a quitté l'UE en 2020, peut conférer la « citoyenneté britannique d'outre-mer », un statut intermédiaire ouvrant des droits particuliers aux personnes originaires de ses ex-colonies. Dans le cas de Hong Kong, ce statut devait prendre fin avec la rétrocession du territoire à la Chine en 1997[3]. La violente répression chinoise de 2020 contre les militants du mouvement démocratique hongkongais a toutefois amené le gouvernement de Londres à le maintenir, accordant 90 000 passeports de citoyens britanniques d'outre-mer aux candidats à l'exil[4].

En France, le statut de « Français établi hors de France » a été défini par une ordonnance du 13 mai 2005. Il désigne de façon simple « toute personne de nationalité française ayant sa résidence principale en dehors du territoire national[5] » et puise ses racines

2. Ministère des Affaires extérieures (Inde), « Population of Overseas Indians » (http://mea.gov.in/images/attach/NRIs-and-PIOs_1.pdf).

3. Michaela Benson, « Hong Kongers and the Coloniality of the British Citizens from Decolonisation to "Global Britain" », *Current Sociology*, 71 (5), 2021, p. 1-19.

4. *Le Point*, 12 juin 2020.

5. *Journal officiel de la République française (lois et décrets)*, 111, 14 mai 2005.

dans l'histoire coloniale. Alors que de nombreux États séparaient la vie politique du territoire métropolitain de celle de leurs colonies, la France a affirmé que les colons faisaient partie intégrante de l'État et qu'ils bénéficiaient, à ce titre, du droit de participer à l'élection des institutions politiques nationales. Joëlle Garriaud-Maylam rappelle que, dès 1787, « des assemblées coloniales sont établies dans les colonies. Elles comprennent les fonctionnaires et députés élus, reçoivent des compétences fiscales et désignent chacune une commission permanente en leur sein et un représentant à l'Assemblée des États à Paris[6] ». Des députés de Saint-Domingue, de la Martinique et de la Guadeloupe sont intégrés au groupe du tiers état lors des travaux de la première Assemblée constituante en octobre 1789. Il en va de même pour les Assemblées élues en octobre 1790 et octobre 1793[7]. Sous l'Empire et la Restauration, une réticence se fait jour quant à une assimilation trop grande des Français partis peupler les colonies à la population hexagonale, par crainte d'une extension de leurs droits aux populations colonisées. Il faut attendre la Constitution de la Seconde République, en novembre 1848, pour que l'Algérie et les colonies soient déclarées « territoires français » et élisent des représentants à la nouvelle Assemblée nationale unique. Les lois constitutionnelles de 1875, qui donnent naissance à la Troisième République, confirment que les trois départements composant l'Algérie, mais aussi les quatre colonies de la Martinique, de la Guadeloupe, de la Réunion et des Indes françaises[8], élisent chacun un sénateur.

La Constitution du 27 octobre 1946 établissant la Quatrième République marque une nouvelle étape : le Sénat, renommé Conseil de la République, compte des élus des départements et des territoires d'outre-mer, mais aussi trois représentants des « Français de l'étranger » résidant en Europe, en Amérique et en Asie-Océanie[9].

---

6. Joëlle Garriaud-Maylam, « La représentation politique des expatriés en France », dans Stéphane Dufoix, Carine Guerassimoff et Anne de Tinguy (dir.), *Loin des yeux, près du cœur. Les États et leurs expatriés*, Paris, Presses de Sciences Po, 2010, p. 106.

7. François Luchaire, *Le Statut constitutionnel de la France d'Outre-Mer*, Paris, Economica, 1992.

8. Il s'agit des cinq établissements coloniaux français de Pondichéry, Karikal, Yanaon, Mahé et Chandernagor.

9. Assemblée des Français de l'étranger (www.assemblee-afe.fr/historique-16).

Pour récompenser l'engagement de certains dans la Résistance et pour répondre au nouveau phénomène migratoire de l'expatriation, la représentation politique évolue. L'idée sous-jacente est toujours la même : une représentation officielle permet à l'État de garder une forme de contrôle sur sa diaspora. Dans cette perspective, le décret du 7 juillet 1948, signé par le ministre des Affaires étrangères Georges Bidault, crée le Conseil supérieur des Français de l'étranger (CFSE). Il s'agit de la première institution consultative regroupant auprès du gouvernement les représentants de quatre grands organismes de Français de l'étranger : l'Union des chambres de commerce françaises à l'étranger, la Fédération des professeurs français à l'étranger, la Fédération des anciens combattants français résidant hors de France et l'Union des Français de l'étranger (UFE) créée en 1925[10]. Les premières élections du nouvel organisme ont lieu au printemps 1950 dans 70 pays. Dans une note du 13 novembre 1950, le directeur des affaires administratives et sociales du ministère des Affaires étrangères écrit aux ambassadeurs et consuls : « Le Département attache un prix spécial à connaître les conditions dans lesquelles sont établies les relations entre la colonie et son chef. [...] Il est même apparu que trop fréquemment ils [les citoyens français] ne gardaient pas de relations suffisamment suivies avec nos postes et qu'en particulier ils attendaient trop souvent, lorsqu'ils se trouvaient en difficulté avec les administrations locales, que leur situation fût à peu près désespérée pour demander l'intervention de leur protecteur officiel [sous-entendu l'ambassade ou le consulat][11]. » Le message du Quai d'Orsay est donc clair : les diasporas doivent absolument être représentées par des responsables visibles, dont la vocation est d'être les interlocuteurs officiels de l'État.

L'administration consulaire de la diaspora

Avec 206 postes en exercice, la France détient en 2021 le premier réseau consulaire d'Europe, si on le rapporte au nombre de ses citoyens vivant à l'étranger. L'Italie et le Royaume-Uni

---

10. *Ibid.*

11. Note 122 CH (COF 9) de la Direction des affaires administratives et sociales aux agents diplomatiques et consulaires, 13 novembre 1950, Archives du ministère français des Affaires étrangères.

disposent d'un maillage administratif à peine inférieur, mais avec des populations émigrées qui représentent le double ou presque de celle de la France (5,6 millions pour l'Italie et 4,2 millions pour le Royaume-Uni). Dans le cas français, il faut ajouter 501 consulats honoraires gérés par des consuls bénévoles, dont 301 sont des citoyens français et 200 ont la nationalité du pays d'exercice de leur mission[12]. Ce réseau, guidé comme le réseau diplomatique par le principe d'« universalité », est rattaché à une direction des Français de l'étranger et de l'administration consulaire (DFEAC), dénommée, de 1982 à 2009, direction des Français à l'étranger et des étrangers en France, et dont les services administratifs se partagent entre Paris et Nantes. Depuis 2011, cette direction fonctionne le plus souvent sous la tutelle d'un ministre délégué ou d'un secrétaire d'État en charge des Français de l'étranger, signe de l'importance politique que les gouvernements français entendent conférer à la diaspora, qui constitue, nous le verrons dans le chapitre suivant, un réservoir de votes lors des élections nationales.

Si la direction perd sa référence aux « étrangers en France » à la fin des années 2000, c'est parce que cette compétence est transférée à une direction générale des Étrangers en France au sein du ministère de l'Intérieur. De manière générale, ce ministère prend progressivement en charge les questions de migration à mesure qu'elles deviennent des enjeux de politique intérieure soumis à de fortes controverses partisanes[13]. L'Office français de protection des réfugiés et apatrides (OFPRA) est ainsi placé sous sa tutelle en 2010, après avoir été longtemps (depuis sa création en 1952) sous celle du ministère des Affaires étrangères. Si la délivrance des visas reste une compétence des consulats, comme l'adoption internationale ou l'aide aux Français de passage (le plus souvent des touristes[14]), les instructions sont largement définies par le ministère de l'Intérieur[15].

---

12. Ministère de l'Europe et des Affaires étrangères, « Rapport 2021 du gouvernement sur la situation des Français établis hors de France », rapport cité, p. 201 et p. 157.

13. Christian Lequesne, « La Direction des Français à l'étranger et de l'administration consulaire », dans Maurice Vaïsse (dir.), *Diplomatie Française. Outils et acteurs depuis 1980*, Paris, Odile Jacob, 2018, p. 185-187.

14. En 2011, 8,5 millions de Français se sont rendus pour les vacances en Espagne (rapport interne au ministère de l'Europe et des Affaires étrangères, 2012).

15. Xavier Driencourt, *L'Énigme algérienne. Chroniques d'une ambassade*, Paris, Éditions de l'Observatoire, 2022.

La direction en charge du réseau consulaire consacre, en 2023, la majeure partie de ses ressources à l'administration des Français de l'étranger. Elle renoue en cela avec les attributions anciennes de la direction des Affaires administratives et sociales, puis de la direction des Conventions administratives et des Affaires consulaires qui existèrent au sein du Quai d'Orsay de 1945 à 1979[16]. En 2020, les crédits d'intervention du programme 151 consacré aux Français de l'étranger et aux affaires consulaires s'élevaient à 136 millions d'euros (hors masse salariale), soit 2,5 % du budget total du ministère de l'Europe et des Affaires étrangères[17]. C'est à la fois un montant important comparé aux ressources que consacrent d'autres pays européens au suivi de leur diaspora et modeste au regard des dépenses totales du Quai d'Orsay.

Le personnel des consulats est composé de fonctionnaires d'un niveau hiérarchique généralement inférieur à celui des ambassades. Si les consuls généraux sont toujours des fonctionnaires de rang A, de nombreux consuls et chefs de chancellerie consulaire appartiennent à la catégorie B. De même, nombre d'emplois sont occupés par des agents en contrat local, au fait des pratiques du pays, mais aussi moins coûteux en termes de rémunération.

Les postes consulaires français sont loin d'être coulés dans le même moule. Ils se caractérisent au contraire par une grande diversité. En 2021, il existe 88 consulats généraux et consulats, parfois situés dans une capitale où il y a aussi une ambassade de France, comme à Bruxelles ou à Londres, 113 sections consulaires d'ambassade, deux chancelleries détachées, à Port-Gentil au Gabon (fermée depuis) et à Alep en Syrie, une antenne consulaire à Mutsamudu aux Comores, un bureau français à Taïwan, en raison de l'impossibilité pour la France d'y entretenir un consulat officiel, et, enfin, un bureau français à Chennai en Inde[18]. Pour ce qui est des consulats généraux, l'administration des Affaires étrangères

16. Jean Baillou (dir.), *Les Affaires étrangères et le corps diplomatique français*, Paris, CNRS Éditions, 1984, tome 2, p. 736-757.

17. Assemblée nationale, *Avis présenté au nom de la commission des affaires étrangères sur le projet de loi de finances pour 2021*, n° 3360, Christophe Di Pompeo (rapporteur), tome 1, p. 1.

18. Ministère des Affaires étrangères, « Rapport 2021 du gouvernement sur la situation des Français établis hors de France », rapport cité, p. 201.

a créé les postes dits « à gestion simplifiée ». Situés en dehors des capitales, ils interviennent dans le développement économique, comme à Düsseldorf, ou font de l'action culturelle en lien avec les instituts français, comme à Cracovie, mais ne délivrent pas de documents à la diaspora. Il existe enfin des consulats généraux qui sont de quasi-ambassades en raison d'un contexte local particulier. C'est le cas du consulat général de France à Jérusalem qui assure la représentation de la France auprès de l'Autorité palestinienne, mais aussi la protection des communautés et des édifices catholiques de la ville sainte en vertu des Capitulations signées en 1536 entre le roi François Ier et le sultan ottoman Soliman le Magnifique. Le consul général de France à Jérusalem, représentant d'une république laïque, bénéficie ainsi des honneurs liturgiques, comme son accueil solennel aux messes de Noël et de Pâques en la basilique du Saint Sépulcre[19]. Dans un avis du 27 mars 2019 sur les conditions requises pour exercer le métier de consul général, faisant suite à des plaintes déposées par les syndicats et associations professionnelles du Quai d'Orsay, le Conseil d'État reconnaît le statut de « quasi-ambassadeur » au consul général de Jérusalem, en le déclarant seul poste dans lequel l'État peut nommer un agent à la discrétion du gouvernement, au même titre qu'une ambassade. En revanche le décret proposant ce même statut à d'autres emplois de consuls généraux, dans le but notamment de nommer un écrivain proche du président Macron à Los Angeles, est invalidé. Le Conseil d'État précise que le travail consulaire, tel qu'il est défini par la convention de Vienne de 1963, nécessite des compétences particulières[20]. Un autre poste assimilable à une « quasi-ambassade », sans que le Conseil d'État l'ait inclus dans sa liste, est le consulat général à Québec[21]. La province de Québec disposant, dans le contexte fédéral canadien, de droits particuliers dans la conduite de l'action extérieure, ce consulat général est autorisé à établir des liens directs

---

19. Jean-Philippe Mochon, « Le consul général de France à Jérusalem. Aspects historiques, juridiques et politiques de ses fonctions », *Annuaire français de droit international*, 42, 1996, p. 929-945.

20. Conseil d'État, section du contentieux, affaires 424394, 424656 et 424695, séance du 15 mars 2019.

21. Louis Amigues, « Un réseau diplomatique et consulaire en constante adaptation », dans Maurice Vaïsse (dir.), *Diplomatie Française*, *op. cit.*, p. 236.

avec le gouvernement et l'assemblée nationale de la province de Québec. Par réciprocité, la province de Québec est présente en France depuis 1964 par l'intermédiaire d'une délégation générale, dont le chef de mission bénéficie de l'immunité diplomatique[22]. Il s'agit donc d'un statut particulier.

La réduction du nombre de consulats, qualifiée pudiquement de « rationalisation du réseau », est une question régulièrement mise à l'ordre du jour par l'administration du Quai d'Orsay, notamment à la suite de la publication de rapports, tel celui commandé au diplomate Daniel Lequertier par Hélène Conway-Mouret en 2012[23] ou celui de la Cour des comptes de 2013[24]. Depuis les années 2000, on assiste à des fermetures de postes consulaires, à des reclassements de consulats en sections consulaires d'ambassade, mais aussi à la création de nouveaux emplois, si bien que l'on atteint finalement une certaine stabilité.

L'administration du Quai d'Orsay cherche par ailleurs à réduire les services offerts par les consulats. Par exemple, elle décide la suppression complète de l'activité de notariat à compter du 1er janvier 2019, après avoir expérimenté la mesure dans les pays de l'Union européenne. Mais ces réformes méritent d'être relativisées. L'administration consulaire française reste la plus dotée en services d'Europe et l'on ne saurait parler de déferlante réformatrice menaçant son organisation[25]. La raison du statu quo français est double : d'une part, l'État français demeure attaché au modèle régalien et sait résister depuis ces trois dernières décennies à l'application complète de recettes néolibérales[26] ; d'autre part,

22. Sébastien Moses, « La délégation générale du Québec à Paris et la relation franco-québécoise. Un levier de l'influence internationale du Québec », mémoire pour le master de recherche de relations internationales, Sciences Po, 2022.

23. Ce rapport est confidentiel et donc non consultable. Il a néanmoins été cité dans des rapports parlementaires. Voir, par exemple, Assemblée nationale, *Avis fait au nom de la commission des affaires étrangères, de la défense et des forces armées sur le projet de loi de finances pour 2013*, n° 150, Jean-Marc Pastor et Robert del Picchia (rapporteurs), tome 3.

24. Cour des comptes, « L'évolution des missions et de l'organisation des consulats français à l'étranger », communication à la commission nationale des finances de l'Assemblée nationale, septembre 2013.

25. Alexei Tsinovoi et Rebecca Adler-Nissen, « Inversion of the "Duty of Care" », art. cité.

26. Michel Foucault, *Sécurité, territoire, population*, *op. cit.*

les élus de la diaspora forment un groupe d'intérêt suffisamment institutionnalisé pour s'opposer aux changements qui mèneraient à la marchandisation des services consulaires.

Un consulat de France a l'aspect d'« une mairie installée à l'étranger[27] » avec ses heures de bureau, ses rendez-vous et son guichet d'accueil. Il faut ajouter les tournées des agents consulaires dans leur circonscription. Munis de la valise sécurisée « Itinera », ces derniers s'installent soit dans les locaux d'un consul honoraire, soit dans un hôtel, pour recueillir les données biométriques nécessaires à l'établissement des documents d'identité. L'activité est valorisante, comme en témoigne ce consul en Serbie : « J'espère bientôt obtenir la petite valise qui me permettra de renforcer mes tournées hors de Belgrade. Pour l'instant, je n'en ai pas, car Paris estime qu'il n'y a pas la masse critique suffisante de demandes pour en légitimer l'achat en Serbie[28]. » Les consuls honoraires, bénévoles, jouent également un rôle fondamental dans la gestion administrative du quotidien. Nous avons pu l'observer dans la petite ville balnéaire de Netanya, en Israël. Dans un bureau, qui est sa propriété privée, la consule honoraire, Nathalie Mimoun, avec l'aide d'une assistante elle aussi bénévole, Martine Loterstein, collectent les demandes de renouvellement de papiers d'identité, de certificats de vie pour les retraités, d'allocations sociales, avant de les transmettre au consulat général à Tel Aviv. Il règne dans la salle d'attente de cette antenne la même atmosphère que dans les locaux municipaux d'une petite ville française[29].

La dématérialisation des démarches administratives, tels l'inscription au registre consulaire ou l'exercice du vote, amorcée dans les années 2000, réduit le contact physique de la diaspora avec les consulats, mais ne le fait guère disparaître. Elle est accueillie positivement par toute une catégorie de Français de l'étranger, qui regrette même qu'elle ne soit pas plus ambitieuse. Pour ce conseiller établi en Allemagne, la « vraie dématérialisation ne devrait pas consister à scanner les dossiers pour que les services du ministère installés à Nantes ne croulent plus sous le papier, mais à relier les

27. Entretien, consulat général de France, Londres, 4 octobre 2018.

28. Entretien, consulat de France, Belgrade, 26 novembre 2021.

29. Observation participante, consulat honoraire, Netanya, 11 juin 2019.

systèmes d'information au dispositif "France Connect" d'accès des citoyens aux administrations françaises, ce qui n'est pas encore le cas[30] ». *A contrario*, l'absence d'équipement informatique oblige certains Français à se rendre au consulat. Ce déplacement physique marque le lien avec l'État, comme le note un chef de chancellerie consulaire en Côte-d'Ivoire : « Je viens de voir un Français qui est professeur de tennis pour le renouvellement de ses papiers. Nous avons discuté. Il en a profité pour me demander comment obtenir du matériel pour faire jouer ses élèves ivoiriens. Rien ne remplace ce contact direct pour nos concitoyens[31]. » L'importance emblématique du bâtiment diplomatique explique pourquoi la suppression d'un service dans un consulat, et plus encore une fermeture de poste, prennent immédiatement une tournure dramatique pour une partie de la diaspora[32]. Ainsi, la décision du Quai d'Orsay de demander aux Français de Hambourg de se déplacer au consulat de Berlin pour renouveler leurs papiers d'identité, après la transformation du consulat général de Hambourg en poste « à gestion simplifiée », est encore vécue comme un abandon plusieurs années après[33]. Rares sont pourtant les Français de Hambourg dans l'impossibilité matérielle de se payer un billet de train pour se rendre à Berlin. La diplomatie consulaire s'incarne dans des édifices, dont la disparition ou le simple réaménagement sont vécus comme des ruptures rituelles du lien entre le citoyen et l'État d'origine[34]. Ce rôle des lieux mérite d'être davantage étudié, comme le soulignent Merje Kuus dans ses travaux de géographie constructiviste sur la diplomatie européenne et l'espace bruxellois, mais aussi Frederik Jerris dans son ethnographie de l'enclave diplomatique de Lomé au Togo[35].

---

30. Entretien avec un conseiller des Français de l'étranger, Berlin, 25 juin 2021.

31. Entretien, consulat général de France, Abidjan, 28 octobre 2019.

32. Entretien avec des conseillers de Français de l'étranger, Hambourg, 15 juin 2021 (par zoom), et Berlin, 21 juin 2021.

33. Entretien avec un conseiller des Français de l'étranger, Hambourg, 15 juin 2021 (par zoom).

34. Sur le rituel en diplomatie, voir Thierry Balzacq, « Rituels et diplomatie », dans Thierry Balzacq, Frédéric Charillon et Frédéric Ramel (dir.), *Manuel de diplomatie*, *op. cit.*, p. 129-141.

35. Merje Kuus, *Geopolitics and Expertise. Knowledge and Authority in European Diplomacy*, Hoboken, Wiley-Blackwell, 2013 ; Frederik Burhøj Jerris, « Compound

Les praticiens de la diplomatie, à Paris comme dans les postes, évoquent souvent le « maternage » des Français de l'étranger dans les consulats, soit pour encenser le modèle français, soit au contraire pour dénoncer des services trop généreux. Un fonctionnaire du Quai d'Orsay parle avec ironie de l'administration d'un « État nurserie[36] ». Une chose est certaine, en matière consulaire, la France ne s'est nullement transformée depuis les années 1980 en laboratoire néolibéral. Le lien avec l'État protecteur demeure une réalité forte pour les citoyens qui quittent le territoire national, y compris lorsqu'ils n'y paient plus leurs impôts. De son côté, l'administration consulaire exerce une diplomatie volontariste, afin que les Français de l'étranger conservent une relation de dépendance à l'État.

L'élite consulaire notabiliaire

Le statut de « Français établi hors de France » se trouve renforcé par une autre invention de l'État : l'élection de représentants de la diaspora au sein d'instances qui relaient l'action publique, mais aussi permettent de canaliser les demandes. Nous abordons ici le rôle de deux fonctions : l'une nationale, celle de conseiller de l'Assemblée des Français de l'étranger (AFE), l'autre locale, celle de conseiller des Français de l'étranger (ex-conseillers consulaires). En les créant, l'État fabrique une élite élue parmi les Français de l'étranger pour lui servir d'interlocuteur légitime. En contrepartie cependant, l'élite se politise et devient une force de revendication auprès de l'État.

La notion de notable est connue des sciences sociales. Pour l'historien Olivier Conrad, « les notables sont la vérité politique des élites sociales, les préposés au pouvoir d'une classe sociale[37] ». Il y a ainsi chez eux un pouvoir politique qui s'enracine dans le champ social et un pouvoir social qui se renforce dans le champ politique. Étudiant la France des années 1960, le sociologue Jean-Pierre Worms définit

---

Diplomacy. Everyday Spatiality in the Diplomatic Frontlines in Lomé », mémoire pour le master en relations internationales, Sciences Po, 2023.

36. Entretien avec un fonctionnaire de la DFEAC, ministère des Affaires étrangères, Paris, 22 mai 2018.

37. Olivier Conrad, *Le Conseil général du Haut-Rhin au XIXe siècle. Les débuts d'une collectivité territoriale et l'influence des notables dans l'administration départementale, 1800-1870*, Strasbourg, Presses universitaires de Strasbourg, 1998.

le notable comme l'acteur qui «a ses entrées» auprès de l'État (et notamment du préfet) et dont le «statut permet de relever la représentativité de la collectivité qu'il représente». Il dispose, ajoute-t-il, d'une «représentativité aussi morale qu'élective»[38].

Les élections de l'AFE et des conseillers des Français de l'étranger permettent à des individus qui ont acquis une certaine réputation au sein de la diaspora d'acquérir ce statut. Elles marquent l'institutionnalisation de la visibilité qui s'est d'abord organisée, depuis un siècle environ, dans les associations de Français de l'étranger. Parmi celles-ci, deux occupent le paysage institutionnel. L'association historique est l'Union des Français de l'étranger (UFE), créée en 1925 en tant que fédération d'associations locales. Son message originel fut celui de la France éternelle diffusant sa «mission civilisatrice» dans le monde. L'UFE est dominé par les représentants du monde de l'entreprise, dont l'orientation politique est plutôt de droite et nettement gaulliste au lendemain de la seconde guerre mondiale. Ce positionnement idéologique et la situation de quasi-monopole expliquent la création d'une association concurrente en novembre 1980, Français du monde-Association démocratique des Français de l'étranger (ADFE), marquée à gauche. Cette dernière est très soutenue à ses débuts par les enseignants des lycées français, membres par ailleurs des sections à l'étranger du Parti socialiste.

Les origines et les caractéristiques propres à ce système français de représentation diasporique ont été peu étudiées par les chercheurs. Marie-Christine Peltier-Charrier fait exception[39]. Les systèmes équivalents en Europe n'ont pas donné davantage naissance à de vraies études comparatives, alors que l'Italie et le Portugal disposent de conseils élus, le Conseil général des Italiens de l'étranger et le Conseil des communautés du Portugal, et la Roumanie, du Congrès des Roumains de l'étranger. Tous se composent de notables dont les États cherchent à s'entourer, en butant parfois sur un problème de légitimité. À Paris, par exemple, les nouveaux immigrés portugais et italiens arrivés après 2008, jeunes et occupant des professions qualifiées, ne se sentent plus

38. Jean-Pierre Worms «Le préfet et ses notables», *Sociologie du travail*, 8 (3), 1966, p. 253-254.

39. Marie-Christine Peltier-Charrier, *Les Français de l'étranger comme catégorie politique*, thèse citée.

représentés par des instances dans lesquelles les descendants de la « vieille » immigration des travailleurs manuels continuent d'occuper une position dominante[40].

Les conseillers de l'AFE : les notables nationaux

En 2023, l'AFE compte 90 membres élus pour six ans dans des circonscriptions par les 442 conseillers des Français de l'étranger. Elle est l'héritière du Conseil supérieur des Français de l'étranger (CSFE), lui-même construit sur le modèle du Conseil supérieur de la France d'outre-mer (CSFOM), « pour fournir des avis sur les questions et projets intéressant les Français domiciliés à l'étranger ou l'expansion française[41] ».

Le CFSE fonctionne avec des délégués cooptés par les grandes organisations de Français de l'étranger jusqu'à la loi du 7 juin 1982[42] qui rend obligatoire l'élection des membres. Ce n'est nullement un hasard si ce changement est proposé par la gauche qui se méfie alors d'une diaspora qui vote à 69 % en faveur de Valéry Giscard d'Estaing au second tour de l'élection présidentielle, le 10 mai 1981[43]. Lors de la discussion du projet de loi devant le Sénat en mai 1982, Claude Cheysson, ministre des Relations extérieures de François Mitterrand, s'étonne « qu'un système aussi anachronique, aussi peu démocratique ait pu aussi longtemps se maintenir, alors qu'il concerne l'élection des membres du Parlement », c'est-à-dire les sénateurs des Français de l'étranger[44].

L'AFE remplace le CSFE en 2004. Jusqu'en 2014, elle fonctionne avec les mêmes règles que l'instance précédente. Présidée par le ministre des Affaires étrangères, elle réunit 155 élus, auxquels s'ajoutent les sénateurs des Français de l'étranger, les députés des Français de l'étranger nouvellement élus en 2012 et 12 personnalités

---

40. Entretien au consulat général d'Italie en France, 21 septembre 2021 ; entretien au consulat général du Portugal en France, 23 septembre 2021.

41. Décret 48-1090, *Journal officiel de la République française (lois et décrets)*, 161, 9 juillet 1948, p. 6645.

42. Loi 82-471 du 7 juin 1982, *Journal officiel de la République française (lois et décrets)*, 131, 7 et 8 juin 1982.

43. Joëlle Garriaud-Maylam, « La représentation politique des expatriés en France », art. cité, p. 124-125.

44. *Journal officiel de la République française (débats parlementaires, Sénat)*, 36S, 5 mai 1982, p. 1594.

qualifiées désignées par le ministère des Affaires étrangères. Les conseillers de l'AFE disposent d'indemnités non négligeables (800 euros mensuels en 2010) et détiennent un pouvoir politique, celui de constituer le corps électoral qui élit les 12 sénateurs des Français de l'étranger. Autant dire que les partis politiques les courtisent en vue des élections sénatoriales.

C'est à nouveau un gouvernement de gauche qui décide de réformer le système. La loi Conway-Mouret du 22 juillet 2013 supprime le quasi-monopole dont dispose l'AFE pour l'élection des sénateurs en élargissant le collège électoral[45]. Ce sont désormais les 442 nouveaux conseillers consulaires auxquels s'ajoutent 68 délégués consulaires (désignés uniquement pour élire les sénateurs) qui constituent, avec les 11 députés et 12 sénateurs des Français de l'étranger, le corps électoral. Par ailleurs, le président de l'AFE n'est plus le ministre des Affaires étrangères, mais l'un des membres élus pour six ans par ses pairs. La loi prévoit, enfin, que le gouvernement présente chaque année à l'AFE un rapport, rédigé par la DFEAC du Quai d'Orsay, sur la situation de la diaspora française dans le monde. Les indemnités des conseillers sont substantiellement diminuées et doivent servir à couvrir les frais de séjour lors des deux sessions annuelles qui se tiennent à Paris. Certains conseillers font désormais appel à leurs propres deniers lorsqu'ils souhaitent disposer d'un hébergement de meilleure qualité que celui permis par le défraiement[46].

La loi Conway-Mouret fournit à l'administration du Quai d'Orsay l'occasion de s'interroger sur l'éventuelle suppression de l'AFE, qui représente en 2018 un coût de fonctionnement annuel de 20 millions euros, pris en charge par un budget ministériel en constante baisse[47]. Mais le gouvernement de Jean-Marc Ayrault ne valide pas la solution radicale, craignant d'ouvrir un front de contestation avec les organisations de Français de l'étranger, le Sénat et les notables de la diaspora qui trouvent leur pouvoir déjà très réduit.

---

45. Loi 2013-659 du 22 juillet 2013, *Journal officiel de la République française (lois et décrets)*, 169, 23 juillet 2013.

46. Entretien avec une ancienne vice-présidente de l'AFE, 19 août 2021 (par zoom).

47. Entretien avec un fonctionnaire de la DFEAC, ministère de l'Europe et des Affaires étrangères, 22 mai 2018.

Si l'AFE penche longtemps à droite, les années 2010 sont marquées par une réorientation politique vers le centre et la gauche. L'évolution idéologique s'explique par des changements dans la composition de la diaspora. Elle est liée à la croissance du nombre de Français à l'étranger en Europe et en Amérique du Nord, et au fait que ces nouveaux émigrés sont de moins en moins des expatriés travaillant pour les grandes entreprises. En 2022, la présidente de l'AFE, Hélène Degryse, est une responsable associative et traductrice installée aux Pays-Bas, proche de la majorité présidentielle. Si l'un des vice-présidents, Alexandre Bezardin, représente le monde des affaires, proche du parti Les Républicains, un autre, Ramzi Sfeir, est un écologiste élu du Canada francophone. De même assiste-t-on à une plus grande rotation des conseillers AFE que par le passé. En 2023, rares sont ceux qui, fidèles à un schéma notabiliaire à l'ancienne, siègent depuis plus d'une décennie, comme Olivier Bertin pour l'Europe ou Thierry Consigny pour l'Asie.

Dotée d'un rôle consultatif, l'AFE est organisée en groupes politiques et en commissions à l'instar d'un parlement[48]. Les conseillers qui composent les commissions rédigent des rapports dont la qualité est souvent moyenne. Il est vrai qu'ils ne disposent pas du soutien et de la plume d'administrateurs, comme c'est le cas à l'Assemblée nationale et au Sénat. Être élu à l'AFE demeure toutefois le meilleur tremplin pour entreprendre une carrière politique au sein du palais du Luxembourg, nous le verrons dans le chapitre suivant.

Très dépendante dans son fonctionnement de l'administration du Quai d'Orsay, qui en assure le secrétariat général et en contrôle le budget, l'AFE est une caisse de résonance des intérêts de la diaspora. Elle permet aux conseillers de les porter devant les ministres et les hauts fonctionnaires du Quai d'Orsay, de siéger dans divers conseils et commissions (comme le conseil d'administration de Médias Monde et de l'Agence pour l'enseignement français à l'étranger [AEFE], ou encore la commission nationale des bourses), mais aussi d'être présents sur la photographie de groupe qui clôture chaque session de l'assemblée à Paris. Les conseillers de l'AFE se plaignent régulièrement d'une administration du Quai d'Orsay qui bride leurs initiatives, comme la réforme du site internet[49], alors

---

48. Assemblée des Français de l'étranger (www.assemblee-afe.fr).
49. Entretien avec un élu de l'AFE, 16 juillet 2021 (par zoom).

qu'ils sont élus au suffrage universel. Ces critiques ressemblent étrangement à celles qu'expriment déjà dans les années 1930 les membres du CSFOM. Ouvrant la session des années 1937-1938, le président Lucien Hubert regrette, devant le ministre des Colonies, que le conseil « ne trouve pas jusqu'ici dans la forteresse administrative l'ambiance vitale et sympathique qui aurait dû le vivifier[50] ».

Les conseillers des Français de l'étranger : les notables locaux

Les conseillers des Français de l'étranger sont dénommés, lors de leur création en 2014, conseillers consulaires. Au nombre de 442, ils sont élus pour six ans afin de représenter 130 circonscriptions consulaires. De 1 à 9 par circonscription selon le nombre d'émigrés français inscrits au registre, ils sont les élus de proximité de la diaspora. Leur élection donne pourtant lieu à une participation en général assez faible. Lors du scrutin de mai 2021, le taux de participation est de 14,06 % (2,13 % à l'urne et 12,93 % par internet)[51]. De nombreux membres de la diaspora française ignorent l'existence même des conseillers des Français de l'étranger, les confondant avec les fonctionnaires de l'administration consulaire, voire leur témoignent une totale indifférence.

Le travail d'enquête qualitative permet de distinguer plusieurs profils de conseiller. Il y a d'abord le « notable à l'ancienne ». Disposant d'un capital économique élevé, il s'investit peu auprès de la diaspora, mais aime être proche de l'ambassade et du consulat et, surtout, tient à être grand électeur au Sénat. L'un d'entre eux, chef d'entreprise dans un pays de l'Union européenne, n'hésite pas à déclarer avec un parfait cynisme : « La fonction de conseiller consulaire est de la connerie. Je suis conseiller uniquement pour élire les sénateurs et notamment mon ami le sénateur X[52]. » De leur côté, les candidats au Sénat cherchent à s'assurer des bonnes grâces de leurs électeurs. Un conseiller élu à Londres se souvient de l'un d'entre eux qui lui a fait miroiter de bons contacts pour

50. Session 1937-1938 du CSFOM, *Les Annales coloniales*, 29 octobre 1937.

51. Résultats des élections consulaires de mai 2021 (www.data.gouv.fr/fr/datasets/resultats-des-elections-consulaires-de-mai-2021/).

52. Entretien avec un conseiller des Français de l'étranger, pays de l'Union européenne, 10 janvier 2019.

l'aider à développer ses affaires dans le secteur de l'éducation[53]. Il y a ensuite le conseiller qui a compris qu'occuper une telle fonction consolide sa respectabilité auprès du corps diplomatique et de la diaspora. Il en est ainsi de ce commerçant prospère établi dans un pays d'Europe du Sud-Est. En terminant l'entretien qui se solde par une photographie selfie avec le professeur de Sciences Po, celui-ci glisse : « Si vous revenez, n'hésitez pas à me le faire savoir. Je connais le président de ce pays et je tutoie la Première ministre[54]. » Il y a enfin une très grande majorité des conseillers qui, proches d'un parti politique ou d'une association de Français de l'étranger, sont investis dans un travail de terrain au service de la diaspora.

Le travail est quasiment bénévole, puisque le conseiller ne perçoit qu'une indemnité mensuelle de 300 euros et une prime annuelle qui lui sert à souscrire une assurance couvrant ses activités. Le clivage gauche/droite se retrouve parfois dans les priorités déployées. Alors que les conseillers de droite, proches de l'UFE ou de l'Alliance solidaire des Français de l'étranger (ASFE), sont sensibles à des questions comme la fiscalité des biens possédés en France, ceux de gauche, proches de Français du monde-ADFE, s'intéressent davantage à l'action des associations de bienfaisance ou encore au traitement des enseignants dans le réseau AEFE. Mais il faut éviter en la matière toute simplification, car il s'agit d'abord d'élus de proximité. À Tokyo, un conseiller clairement marqué à droite, catholique conservateur, joue un rôle important en 2017 pour convaincre l'UFE de s'engager dans la création d'une association locale de bienfaisance en faveur des membres de la diaspora en situation de précarité[55].

Certains conseillers des Français de l'étranger – en particulier les binationaux – sont très en phase avec la vie politique du pays de résidence, d'autres pas du tout. À Berlin, un conseiller binational se montre actif à la fois au sein de la section locale du parti français Europe, écologie, Les Verts (EELV) et du parti allemand

53. Entretien avec un conseiller des Français de l'étranger, Londres, 7 septembre 2018 (par zoom)

54. Entretien avec un conseiller des Français de l'étranger, pays de l'Europe du Sud-Est, 26 novembre 2021.

55. Entretiens avec deux conseillers des Français de l'étranger, Tokyo, 1er juillet 2019 et 19 juillet 2019.

Bündnis 90/Die Grünen, en précisant que les Verts allemands (au pouvoir en coalition au Sénat de Berlin) nourrissent son militantisme français, car ils ont plus d'expérience des politiques publiques et du gouvernement qu'EELV[56]. On retrouve chez les conseillers toute la panoplie des pratiques de légitimation utilisées dans la politique locale, jouant en particulier la carte de la proximité avec le monde associatif. À Berlin, la présidente d'une association aidant les émigrés français à s'intégrer sur le marché du travail parle de la nécessité de « dépolitiser son association, car certains conseillers consulaires présents au conseil d'administration avaient tendance à vouloir s'emparer de son bilan pour se mettre en avant[57] ».

Cela nous amène à analyser la nature de la relation que les conseillers des Français de l'étranger entretiennent avec les diplomates. Formellement, ils sont régulièrement conviés par l'ambassadeur ou le consul aux réunions d'un conseil où sont débattues les principales politiques consulaires. Ce conseil compte aussi des personnalités qualifiées, comme les proviseurs des lycées français. Depuis 2021, il n'est plus présidé par un diplomate, mais par un élu consulaire. Chaque réunion donne lieu à un procès-verbal qui est posté sur le site internet de l'ambassade ou du consulat. Les élus s'y mobilisent surtout autour de trois causes. Les deux premières sont de nature distributive : l'attribution des aides sociales dans les pays où elles se pratiquent, ainsi que celle des bourses scolaires pour les élèves des établissements français. La troisième tâche est la mise en place de politiques de sécurité dans les pays à risque, comme l'établissement des plans d'îlotage. Les conseillers des Français de l'étranger sont des relais institutionnels locaux utiles des postes diplomatiques et consulaires en cas de crise, comme lors de la distribution d'informations sur la vaccination contre la Covid-19[58]. Il existe néanmoins un paradoxe dans la relation entre les conseillers des Français de l'étranger et les diplomates, semblable à celui que l'on observe à l'AFE. Investis par le suffrage universel, les premiers ont tendance à se considérer comme les

---

56. Entretien avec un conseiller des Français de l'étranger, Berlin, 15 juin 2021.

57. Entretien avec une responsable de l'association, Berlin, 24 juin 2021 (par zoom) ; entretien avec un conseiller des Français de l'étranger, Berlin, 25 juin 2021.

58. Entretien avec un conseiller des Français de l'étranger, Hô Chi Minh-Ville, 16 juillet 2021 (par zoom).

acteurs d'une démocratie locale extraterritoriale chargée d'exercer un droit de regard sur la politique des consulats. Ils souhaitent que les diplomates les associent à la décision et ne les considèrent pas comme de simples supplétifs de l'action étatique. Mais les seconds rétorquent qu'il n'en est rien, puisque la diplomatie reste la prérogative régalienne de l'État. Les conseils consulaires donnent lieu à deux sources de tension. La première porte sur la différence d'approche des problèmes entre des consuls qui appliquent des procédures administratives et des conseillers qui appellent à tenir compte des situations personnelles, par exemple lors de l'attribution des bourses ou des aides sociales[59]. La seconde a trait au périmètre de délibération des problèmes. Les consuls ont une conception délimitée de l'agenda à définir avec les conseillers, alors que ces derniers aimeraient parfois élargir les enjeux. Un conseiller élu en Belgique évoque ainsi l'intérêt de son conseil consulaire pour la question des étudiants français s'inscrivant dans les universités belges. Le consul de France à Bruxelles refuse l'inscription de ce point à l'ordre du jour en arguant qu'il ne s'agit pas d'une question consulaire[60].

Les conseillers des Français de l'étranger, qui se veulent les représentants légitimes d'une démocratie locale comme on la pratiquerait dans un conseil municipal hexagonal, peuvent donc se sentir frustrés. « C'est une démocratie sous contrôle », souligne un élu consulaire de Madagascar[61]. De leur côté, les consuls restent convaincus que la diplomatie relève de la raison d'État et vivent parfois mal l'intrusion d'un acteur local qui exprime des griefs, rédige des lettres et des pétitions. Cette tension entre raison d'État et politique locale n'est pas un phénomène purement contemporain. Les archives du Quai d'Orsay laissent transparaître son existence au cours des décennies passées. En 1977, le consul général de France à Pondichéry, Georges Rochiccioli, se plaignait déjà à Paris du caractère trop revendicatif des professeurs du lycée français qui, selon lui, nuisaient au sérieux de l'action de la France. Il précisait : « Il

59. *Ibid.*

60. Entretien avec un conseiller des Français de l'étranger, Bruxelles, 2 février 2022.

61. Entretien avec un conseiller des Français de l'étranger, Tananarive, 6 août 2021 (par zoom).

est vrai que la surenchère maladroite à laquelle se livrent certains présidents d'association pour se tailler une clientèle parmi les électeurs leur apportera bon nombre d'arguments valables[62]. »

En créant les mandats de conseillers de l'AFE et de conseillers des Français de l'étranger, l'État institutionnalise une scène notabiliaire extraterritoriale, qui repose sur des rétributions symboliques (siège et présidence du conseil consulaire, place de choix à la cérémonie du 14 Juillet, attribution de décorations), dans le but de construire la relation avec la diaspora. La politisation née de l'élection au suffrage universel des conseillers amène toutefois les diplomates à être confrontés à des élus qui revendiquent le droit de s'immiscer dans le domaine de la raison d'État.

Si l'invention du statut de « Français établis hors de France », les pratiques des consulats et le relais d'une élite notabiliaire sont conçus par l'État comme autant de moyens d'encadrer la diaspora, l'État se retrouve, à rebours, face à groupe d'intérêt qu'il ne manie pas toujours à son avantage. En outre, par sa participation au travail législatif national, la représentation parlementaire spécifique de la diaspora contraint encore davantage le diplomate à rendre des comptes sur ses pratiques quotidiennes.

62. Lettre du consul général de France à Pondichéry au département, 16 juin 1977, Archives du ministère de l'Europe et des Affaires étrangères.

Chapitre 4

Le diplomate, l'élection extraterritoriale et le parlementaire

Parmi « les moyens d'impliquer les institutions étatiques dans la production de services aux citoyens qui résident de manière permanente en dehors du territoire de l'État[1] » figure le droit de vote aux élections nationales. La France fait par ailleurs partie des États qui se sont dotés d'une représentation parlementaire spécifique des citoyens vivant hors du territoire national, à la fois à l'Assemblée nationale et au Sénat. Cette caractéristique institutionnelle explique que les politistes français se soient intéressés au phénomène de l'élection des Français de l'étranger, sous l'angle de la sociologie électorale plutôt que de la diplomatie[2].

Ce chapitre analyse le droit de vote de la diaspora aux élections françaises. Il envisage ensuite la manière dont les diplomates français organisent des élections à l'étranger. Il aborde, en troisième lieu, la représentation parlementaire spécifique au Sénat et à l'Assemblée nationale. Il montre, enfin, comment cette représentation parlementaire extraterritoriale affecte la pratique de la diplomatie.

---

1. Michael Collyer, « Inside Out ? », art. cité, p. 64.

2. Tudi Kernalegenn et Cédric Pellen, « En Marche Français expatriés ! L'émergence d'un nouvel acteur politique parmi les Français de l'étranger », *Revue internationale de politique comparée*, 26 (2-3), 2019, p. 159-186 ; Cédric Pellen, « À la conquête de l'Amérique », art. cité ; Étienne Smith, « Voter au loin », art. cité.

Le droit de vote à l'étranger

Du point de vue de la théorie politique, accorder aux diasporas le droit de voter aux élections dans leur pays d'origine révèle le caractère mouvant du lien entre citoyenneté et territoire – le politiste allemand Rainer Bauböck parle d'une «citoyenneté expansive» qui aboutit de plus en plus à conférer ce droit non seulement aux émigrés mais aussi aux immigrés[3]. Cela marque aussi une reconnaissance officielle du statut d'émigré par l'État d'origine, comme le réclament les organisations internationales[4]. Étienne Smith à propos du vote des Sénégalais de l'étranger le montre, le vote de la diaspora est rarement décisif pour le résultat final d'une élection[5]. Pour autant, dans certaines situations, il est l'objet de calculs politiques. Ce peut être l'espoir de ne pas perdre des électeurs susceptibles d'investir leurs économies acquises à l'étranger, comme le révèle Adriana Jimenez Cuen à propos du droit de vote aux élections locales accordé par certains États fédérés du Mexique aux émigrés vivant aux États-Unis[6]. Ce peut être une stratégie adoptée par certains partis politiques lorsque le vote de la diaspora leur est profitable[7]. En Roumanie, le Parti national libéral (centre droit) a toujours été favorable au vote du million de Roumains de l'étranger (sur un total de 9 millions d'électeurs), qui, à deux reprises depuis 2014, a fait la différence pour l'élection de son candidat à la présidence de la République, Klaus Iohannis[8]. À l'inverse, le Parti social-démocrate roumain s'en passerait volontiers, car il réalise de faibles scores parmi une diaspora qui n'a aucune confiance

---

3. Rainer Bauböck, «Expansive Citizenship. Voting Beyond Territory and Membership», *Political Science and Politics*, 38 (4), 2005, p. 683.

4. Conseil de l'Europe, «Rapport sur le vote à l'étranger», Commission de Venise, 16 juin 2011.

5. Étienne Smith, «Sénégal : la diaspora fait-elle l'élection ? Le vote à distance entre 1992 et 2002», *Afrique contemporaine*, 256, 2015, p. 51-72.

6. Adriana Jimenez Cuen, *Remittances and Votes. Emigrant Political Participation in Mexico*, PhD, Londres, Department of Government, London School of Economics and Political Science, 2008.

7. Tudi Kernalegenn et Émilie Van Haute (eds), *Political Parties Abroad. A New Arena for Party Politics*, Londres, Routledge, 2020.

8. Kacper Szulecki *et al.*, «To Vote or not to Vote ?», art. cité.

dans l'héritier de l'ancien parti communiste[9]. En Turquie, le parti islamiste AKP du président Erdoğan et le parti pro-kurde HDP recherchent le soutien électoral des grandes diasporas d'Allemagne, d'Autriche ou des Pays-Bas lors des élections, le premier en visant l'électorat turc sunnite, le second l'électorat kurde et alévi[10]. En Albanie, pays qui compte 1,2 million d'émigrés et potentiels électeurs pour un corps électoral national de 1,6 million de votants, les deux grands partis traditionnels, le Parti socialiste et le Parti démocrate, n'ont fait preuve d'aucun empressement particulier pour que soit mise en œuvre une réforme permettant à la diaspora de voter lors des élections parlementaires. Il leur paraissait en effet difficile d'imposer à celle-ci les pratiques clientélistes en usage dans le pays, notamment la rétribution du vote[11].

En France, le Conseil d'État et le ministère des Affaires étrangères se sont opposés sous la Troisième et la Quatrième Républiques au droit de vote de la diaspora aux élections nationales, malgré les demandes régulières de l'UFE et des élus du Sénat. Lors du référendum du 28 septembre 1958, les Français de l'étranger sont cependant autorisés à se prononcer sur le projet de Constitution de la Cinquième République[12]. Il faut attendre la présidence de Valéry Giscard d'Estaing pour que la loi organique du 31 janvier 1976 leur reconnaisse le droit de vote aux élections présidentielle et référendaire, et entérine la création de bureaux de vote dans les consulats ou les départements français frontaliers. L'Allemagne et la Suisse y sont à l'époque opposées par crainte d'une utilisation abusive de la procédure par les pays non démocratiques, en particulier la Turquie[13].

---

9. Entretien avec une députée des Roumains de l'étranger, Bucarest, 31 mars 2022 ; entretien à l'ambassade de Roumanie en France, Paris, 22 novembre 2021.

10. Inci Öykü Yener-Roderburg, « Party Organizations across Borders. Top-down Satellites and Bottom-up Alliances. The Case of AKP and HDP in Turkey », dans Tudi Kernalegenn et Émilie Van Haute (eds), *Political Parties Abroad*, *op. cit.*, p. 218-237.

11. OSCE et ODIHR, *Albania Parliamentary Elections, 25 April 2021. Final Report*, 26 juillet 2021, p. 25.

12. Marie-Christine Peltier-Charrier, *Les Français de l'étranger comme catégorie politique*, thèse citée, p. 140.

13. *Ibid.*, p. 146. Je remercie Friedrich Catoir, ancien juriste au ministère allemand des Affaires étrangères, de m'avoir rappelé la position allemande.

En 1977, le droit de vote des Français de l'étranger est étendu aux élections européennes et les premiers bureaux de vote sont ouverts dans les consulats de France en juin 1979.

En parallèle, les membres de la diaspora française ont la possibilité à la fin des années 1970 de rester inscrits sur la liste électorale d'une commune de France et d'y voter par procuration à toutes les élections (y compris législatives et municipales). Il doit s'agir soit d'une commune dans laquelle ils possèdent «une attache d'ordre familial, résidentiel ou fiscal[14]», soit d'une commune de plus de 30000 habitants de leur choix dans la limite de 2% des électeurs inscrits. Lors des élections législatives de mars 1978, pour lesquelles les sondages annoncent une progression de la gauche, les partis de la majorité parlementaire RPR-UDF essayent de multiplier les procurations des Français de l'étranger dans les communes où leurs candidats se sentent les plus menacés. Le cabinet du ministre des Affaires étrangères, Louis de Guiringaud, orchestre cette pratique, qui encourage les agissements tendancieux de certains ambassadeurs et consuls généraux, comme le révèlent les archives du Quai d'Orsay.

En décembre 1977, Maurice Delauney, ambassadeur de France au Gabon, figure de la Françafrique, passé du statut d'administrateur colonial à celui de diplomate, envoie ce télégramme au directeur du cabinet du ministre : «M. Pierre Fouet quitte aujourd'hui Libreville ce 21 décembre porteur de 350 demandes d'inscription en blanc pour les villes de plus de 30000 habitants et de 350 procurations également en blanc. Ces documents seront remis au RFE[15]. Une nouvelle expédition aura lieu en fin de semaine permettant de dépasser largement le chiffre de 2000 atteint à ce jour[16].» Maurice Delauney assume son engagement politique à droite en écrivant dans un autre télégramme : «La lettre du président de la République, intégralement diffusée à tous les Français du Gabon, a reçu dans l'ensemble un accueil très favorable [...] si l'on excepte le milieu enseignant et certains cadres des sociétés pétrolières et minières [...]

14. Joëlle Garriaud-Maylam, «La représentation politique des expatriés en France», art. cité, p. 112.

15. Le RFE est une association des Français de l'étranger proche de la droite parlementaire de l'époque.

16. Télégramme, départ, ambassade de France au Gabon, n° 1070, 21 décembre 1977, Archives du ministère des Affaires étrangères

heureusement peu nombreux[17].» En décembre 1977, c'est au tour de Jean-René Bernard, ambassadeur de France au Mexique, ancien secrétaire général adjoint de l'Élysée sous Georges Pompidou, de transmettre au ministère ce message d'Hubert Durand-Chastel, délégué du CFSE à Mexico, à l'attention de Paul d'Ornano, sénateur RPR des Français de l'étranger: «Espérons approcher au total mille nouvelles inscriptions Français du Mexique, dont deux cents Auxerre. Prière envoyer éléments nécessaires mandataires Auxerre pour 100 nouvelles inscriptions[18].» Troisième exemple issu des archives du Quai d'Orsay: en janvier 1978, le consul général de France à Rio de Janeiro, Georges Mac Clenahan, écrit au ministère pour expliquer que la commune de Chatenay-Malabry a refusé l'inscription de plusieurs Français du Brésil, dont Yvon Castaings, consul honoraire à Belo Horizonte, pour cause de non-respect des délais. Le consul général conclut sa lettre par cette recommandation: «M. Castaings [...] serait reconnaissant au département d'intervenir auprès du tribunal d'instance compétent (Antony?), afin d'obtenir une extension suffisante de ce délai[19].» L'indépendance de la justice ne semble pas être une préoccupation majeure... Informée de ces manipulations qui ont lieu avec la bénédiction du cabinet du ministre, la presse de gauche réagit vivement[20]. Le Parti socialiste parle de «racket électoral[21]». La situation ne laisse pas complètement indifférents les cadres du Quai d'Orsay. Le 24 février 1978, l'association des anciens de l'ENA publie un communiqué constatant «qu'aucune sanction n'a été prise contre l'ambassadeur de France au Gabon» et déplore «que cette situation rejaillisse sur la réputation de l'ensemble du corps diplomatique et consulaire»[22].

17. Télégramme, départ, ambassade de France au Gabon, n° 1018-20, 5 décembre 1977, Archives du ministère des Affaires étrangères.

18. Télégramme, départ, ambassade de France au Mexique, n° 1217, 13 décembre 1977, Archives du ministère des Affaires étrangères.

19. Télégramme, arrivée, Rio de Janeiro, n° 17-19, 12 janvier 1978, Archives du ministère des Affaires étrangères.

20. «Le racket électoral. Grenoble: les juges confirment le rejet de 62 demandes d'inscription», *Le Matin*, 31 janvier 1978.

21. Parti socialiste, *Le Parti socialiste et les Français de l'étranger*, préface de Lionel Jospin, Paris, Club socialiste du livre, 1981, p. 25.

22. «Le vote des Français de l'étranger. Les "énarques" du Quai d'Orsay critiquent l'absence de sanctions», *Le Monde*, février 1978.

L'affaire des procurations des Français de l'étranger lors des élections législatives de 1978 donne lieu à plusieurs recours pour fraude auprès du Conseil constitutionnel. L'élection, dans la 16e circonscription de Paris, du député RPR Christian de La Malène, qui bénéficie de 44 procurations en blanc des Français du Gabon, est annulée par une décision du Conseil constitutionnel du 12 juillet 1978. Des plaintes sont même introduites au pénal, comme celle déposée par le secrétaire fédéral du Parti socialiste de la Moselle qui court toujours six ans plus tard, en 1984[23]. Ces agissements contribuent grandement à alimenter la méfiance des socialistes à l'égard du corps diplomatique français, perçu comme hostile à la gauche. Cette suspicion sera finalement peu justifiée après la victoire en mai 1981 de François Mitterrand à l'élection présidentielle, car il existera autour de la section CFDT du ministère des Affaires étrangères une nouvelle génération de diplomates qui soutiendront clairement la gauche et feront de belles carrières (citons entre autres Loïc Hennekinne, François Nicoullaud ou encore Renaud Vignal)[24].

Parce que l'alternance politique gauche/droite et les gouvernements de cohabitation deviennent une réalité à partir des années 1980, ambassadeurs et consuls ne sont plus invités à rechercher les voix de la diaspora pour soutenir les partis de la majorité lors des élections. Par ailleurs, la représentation des Français de l'étranger s'étant diversifiée, avec la création en 1980 de Français du monde-ADFE, les postes diplomatiques et consulaires abordent désormais les élections avec une plus grande neutralité. La possibilité de voter dans les consulats et d'utiliser la voie électronique contribue aussi à mettre fin aux pratiques irrégulières des années 1970 que rendait possible le vote par procuration dans les communes de France. Ajoutons un dernier facteur : l'extinction du corps des ambassadeurs et consuls issus de l'École de la France d'outre-mer, tels Maurice Delauney ou Georges Mac Clenahan, qui, dans la tradition de l'administration coloniale d'autorité, s'embarrassaient peu du droit dès lors que le pouvoir politique ordonnait d'agir.

---

23. Note 005287 du bureau des élections du Quai d'Orsay à Jean-Claude Cousseran (cabinet du ministre) du 11 mai 1984, Archives du ministère des Affaires étrangères.

24. Voir Christian Lequesne, *Ethnographie du Quai d'Orsay, op. cit.*

Le déroulement et l'espace des élections à l'étranger

Outre les élections des conseillers des Français de l'étranger et ceux de l'AFE, cinq scrutins nationaux se tiennent dans les ambassades et consulats : quatre au suffrage universel direct (élections présidentielles, référendaires, législatives et européennes) et un au suffrage universel indirect destiné aux seuls grands électeurs (élection sénatoriale). Il revient aux consulats d'organiser ces élections comme le font en France les mairies. Le recueil de soutiens dans le cadre des référendums d'initiative partagée leur est également imparti. Lors du déclenchement d'une procédure en 2020 au sujet de la loi visant à affirmer le caractère de service public national de l'exploitation des aérodromes de Paris, 34 soutiens sont ainsi déposés par des Français de l'étranger auprès des consulats[25]. C'est évidemment une goutte d'eau par rapport au million de signatures recueillies dans l'Hexagone, mais elle montre combien l'administration consulaire doit veiller à ce que la diaspora jouisse des mêmes droits démocratiques que les autres citoyens. Au regard des élections nationales, la France est un État qui ne fait aucune distinction entre ses émigrés et les citoyens résidents sur son territoire national.

La première tâche des diplomates lors d'un vote est la tenue des listes électorales. Il s'agit d'une opération délicate, car l'émigration, comme nous l'avons vu dans le chapitre 2, ne se résume plus au seul modèle de l'installation permanente. Les émigrations temporaires ou marquées par des va-et-vient rendent en effet difficile la mise à jour de ces listes. En 2019 est mis en place un répertoire électoral unique (REU) géré par l'Institut national de la statistique et des études économiques (INSEE), qui conduit l'administration consulaire à réformer son application informatique de traitement des listes, Electis[26]. Cette situation met fin à la possibilité pour les Français de l'étranger d'être inscrits à la fois sur la liste électorale d'un consulat et sur celle d'une commune française – ils étaient encore 500 000 en 2019. Désormais, le maintien sur les listes du consulat conduit automatiquement à la radiation des listes en

25. Ministère de l'Europe et des Affaires étrangères, « Rapport 2021 du gouvernement sur la situation des Français établis hors de France », rapport cité, p. 162.

26. *Ibid.*, p. 118.

France. L'une des difficultés aura été d'informer les Français de l'étranger de cette réforme, les consulats étant loin de disposer des adresses à jour de tous les électeurs résidant dans un pays. Lors de l'élection présidentielle de 2017, la radiation des « doubles inscrits » suscite la protestation des associations de Français de l'étranger, certains électeurs se voyant refuser le droit de voter dans leur commune de France[27]. Si les Français de l'étranger ne représentent que 7 à 8 % du corps électoral national – autant dire qu'ils ne sont pas en mesure de « faire une élection » –, la réforme, qui met fin au possible double vote, permet de réduire les cas de fraude. Par ailleurs, l'introduction de la liste unique s'accompagne d'une plus grande transparence, puisque la présidence des commissions de contrôle est désormais assurée, dans chaque circonscription consulaire, par un élu des Français de l'étranger et non plus par le chef de poste diplomatique ou consulaire[28].

En second lieu, les autorités consulaires sont en charge de la tenue des scrutins. Pour toutes les élections au suffrage universel direct, elles doivent installer des bureaux de vote dans lesquels il est possible de se rendre physiquement. Pour les élections sénatoriales, les grands électeurs (conseillers et délégués des Français de l'étranger) qui ne souhaitent pas se rendre à Paris peuvent remettre en mains propres leur vote sous pli fermé au chef de poste diplomatique ou consulaire de leur circonscription. Enfin, les élections des conseillers des représentants de l'étranger et les élections législatives depuis 2012 peuvent s'effectuer par vote électronique. Dans ce cas, les électeurs utilisent une plateforme sécurisée qui opère sous le contrôle de l'Agence nationale de la sécurité des systèmes d'information (ANSSI). Bien qu'aucun élément tangible ne prouve que le vote électronique fasse remonter les taux de participation[29], il évite aux membres de la diaspora de faire parfois plusieurs heures de voyage pour se rendre dans un bureau de vote. En Côte-d'Ivoire, un citoyen français résidant à Korhogo ou à Bouaké doit faire plusieurs heures de voiture pour se rendre à

27. Entretien, DFEAC, ministère de l'Europe et des Affaires étrangères, Paris, 22 mai 2018.

28. Ministère de l'Europe et des Affaires étrangères, « Rapport 2020 du gouvernement sur la situation des Français établis hors de France », Paris, 2020, p. 118.

29. Régis Dandoy et Tudi Kernalegenn, « Internet Voting from Abroad. Exploring Turnout in the 2014 French Consular Elections », *French Politics*, 19, 2021, p. 421-439.

l'unique bureau de vote qui se trouve dans la capitale, Abidjan[30]. Le vote électronique n'a cependant jamais été autorisé pour l'élection présidentielle, celle qui mobilise le plus les Français de l'étranger. La demande est exprimée à plusieurs reprises par les représentants de l'AFE et des associations en vue de l'élection présidentielle de 2017, sans succès[31]. Dans son premier discours aux conseillers de l'AFE, le 2 octobre 2017, Emmanuel Macron déclare : « Si nous ne sommes pas en capacité pour les prochaines élections de nous organiser pour avoir un système de vote étanche à toute attaque, ça ne s'appelle pas la France[32]. » Lors de l'élection présidentielle de 2022, le ministère de l'Intérieur et l'ANSSI manifestent encore de fortes réticences à l'égard du vote électronique : un détournement massif de votes à la suite d'une cyberattaque impliquerait en effet une annulation complète du scrutin présidentiel par le Conseil constitutionnel, risque que le ministère de l'Intérieur n'est guère prêt à assumer.

À chaque élection, un décret fixe la liste des bureaux de vote dans les circonscriptions consulaires (988 ont ouvert lors de l'élection présidentielle de 2022). Leur nombre varie en fonction de l'importance numérique de la diaspora. En 2017, les deux consulats généraux de Londres et d'Édimbourg-Glasgow ont organisé 56 bureaux pour que les 150 000 Français inscrits sur les listes électorales au Royaume-Uni puissent voter[33]. À l'instar d'une commune de France, le consulat recourt à des volontaires pour assurer les permanences électorales (ils étaient 500 en 2017 au Royaume-Uni). Il faut trouver des salles, à l'ambassade, au consulat, au lycée ou à l'institut français, et s'assurer que le matériel de vote (professions de foi, affiches et bulletins) a bien été distribué, afin de permettre aux représentants des partis politiques de mener leur campagne.

Dans tous les pays qui autorisent le vote des diasporas aux élections nationales, on assiste à une transnationalisation des partis politiques, phénomène ancien dans le cas français et bien étudié

30. Entretien, consulat général de France, Abidjan, 28 octobre 2019.

31. Georges-André Seingry, « Élections 2017-2020. Point d'étape et perspectives », rapport AFE, session d'octobre 2016.

32. Discours d'Emmanuel Macron devant l'Assemblée des Français de l'étranger, Paris, 2 octobre 2017.

33. Entretien, consulat général de France, Londres, 4 octobre 2018.

par la science politique[34]. Dans les pays d'Afrique francophone des années 1970, les sections du parti gaulliste UDR puis RPR sont représentées par des hommes d'affaires français, l'appartenance partisane se superposant souvent à celle à une association comme l'UFE ou le RFE. La création du Parti socialiste en 1971 s'accompagne du développement de sections à l'étranger, en particulier dans le milieu enseignant des lycées français. En 1979, Guy Penne, qui deviendra le conseiller de François Mitterrand pour les questions africaines à l'Élysée, et Jean-Pierre Bayle, enseignant au Maroc puis en Allemagne, sont nommés délégués nationaux aux Français de l'étranger du Parti socialiste, avec pour mission de coordonner l'activité des sections[35]. Les villes possédant une grande diaspora, telles Bruxelles, Genève, Londres, Montréal, New York, Tel Aviv, comme celles ayant de plus petits effectifs, telles Tokyo, Yaoundé ou Hanoï, accueillent toutes des sections des principaux partis politiques. Cette présence contribue à une certaine hybridation avec la vie politique du pays de résidence, surtout lorsque celle-ci est démocratique, comme en Europe. À Berlin, ville où le parti allemand Die Grünen est très représenté au Sénat local, la section du parti français EELV est active au sein de la diaspora[36]. À Bruxelles, les sections du Parti socialiste et de EELV entretiennent des relations suivies avec les partis belges de sensibilité proche. Un conseiller des Français de l'étranger élu dans la circonscription consulaire de Bruxelles sur la liste EELV est également élu communal de la ville d'Ixelles, comme l'y autorise le droit européen[37].

Le scandale des votes par procuration à la fin des années 1970, mais aussi l'alternance de 1981, amènent les ambassadeurs et les consuls de France à prendre de la distance par rapport aux représentants locaux des partis politiques français. À l'inverse, la tenue des élections dans les consulats et la présence d'élus consulaires accroissent le phénomène de demandes de services de la part des partis politiques. Si, au début des années 2000, les consuls hésitent encore à communiquer les coordonnées des inscrits sur

34. Tudi Kernalegenn et Émilie Van Haute (eds), *Political Parties Abroad*, *op. cit.*

35. Marie-Christine Peltier-Charrier, *Les Français de l'étranger comme catégorie politique*, thèse citée, p. 160.

36. Entretien avec un conseiller des Français de l'étranger, Berlin, 15 juin 2021.

37. Entretien avec un conseiller des Français de l'étranger, Bruxelles, 2 février 2022.

les listes électorales aux candidats des partis, ce n'est plus possible aujourd'hui. Certains consuls dénoncent cette évolution qui leur semble une atteinte à leur métier. L'un d'entre eux en poste dans une capitale européenne déclare : « Il y a plus de personnel consulaire que d'électeurs dans les bureaux de vote le jour de l'élection, mais il nous faut faire le dos rond avec tous ces gens qui vont ensuite passer leur temps à écrire des lettres pour critiquer l'administration. Ça m'énerve[38] ! »

Nombre de Français de l'étranger ne votent pas, soit parce qu'ils ont perdu tout intérêt pour la politique française, soit parce qu'ils ne maîtrisent plus le français. Les taux de participation de ces électeurs au second tour des présidentielles de 2017 et 2022 sont respectivement de 45,85 % et de 39 %, soit dans le premier cas 29 % de moins qu'au niveau national et dans le second 30 % de moins[39]. Ces taux sont encore inférieurs aux élections législatives, en dépit du fait que les Français de l'étranger élisent leurs propres députés depuis 2012 : ils atteignent 16,6 % en 2017 et 21,42 % en 2022, contre respectivement 42,64 % et 46,23 % au niveau national. Les élections européennes de 2019 connaissent un taux de participation encore inférieur : 18,35 % contre 50,12 % au niveau national. Ce phénomène de forte abstention des binationaux touche en général les pays où la diaspora vote, comme le montre Guido Tintori pour le vote des Italiens d'Amérique latine[40].

À Tel Aviv, où l'on pourrait penser que les binationaux franco-israéliens votent massivement, le consulat fait le constat que « la grande majorité de nos ressortissants (deuxième, troisième générations) ne maîtrisent pas le français[41] » et s'abstiennent. David T., 24 ans en 2019, appartient à une famille franco-israélienne originaire d'Afrique du Nord. Il est arrivé avec ses parents à l'âge de 12 ans de Sarcelles, en banlieue parisienne, pour s'installer dans la colonie d'Ofra, en Cisjordanie. Possédant la double nationalité, il préfère écrire en hébreu mais parle le français à la maison avec ses parents. Il déclare s'abstenir aux élections françaises, mais vote

38. Entretien avec un consul de France dans un État de l'Union européenne, 10 juin 2021.

39. Tous ces chiffres sont disponibles sur le site du ministère de l'Intérieur.

40. Guido Tintori, « The Transnational Political Practices of "Latin Americans Italian" », *International Migration*, 49 (3), 2011, p. 168-188.

41. Note du consulat général de France à Tel Aviv communiquée à l'auteur, février 2019.

aux élections israéliennes pour le parti de droite Likoud, dont il apprécie le chef charismatique, Benyamin Netanyahou[42]. La décision de voter ou non des Français de l'étranger varie en fonction de plusieurs facteurs, tels la proximité géographique avec la France (résidence en Europe) ou le nombre d'années passées dans le pays de résidence. Jean-Luc C. et Serge A. ont quitté respectivement Lyon et l'Alsace pour accomplir leur alyah en Israël à l'âge de la retraite, c'est-à-dire après avoir passé l'essentiel de leur vie dans l'Hexagone. Le premier s'installe à Netanya et le second à Tel Aviv. Tous deux disent rester très à l'écoute de la politique française et ne manquer aucune élection nationale. Cela ne les empêche pas de voter aux élections israéliennes, le premier pour le Likoud, le second sans révéler son choix[43].

Lors des deux présidentielles de 2017 et 2022, les Français de l'étranger soutiennent majoritairement Emmanuel Macron, en décalage avec le reste des Français : ils sont 89,31 % à voter pour lui au second tour de 2017, contre 66,1 % au niveau national, et 86,14 % au second tour de 2022, contre 58,55 % au niveau national. Les grandes diasporas d'Europe et d'Amérique du Nord, qui ont longtemps voté pour la droite classique, ont contribué à ce succès en plébiscitant un candidat qu'elles considèrent comme libéral et ouvert à l'international. En revanche, la candidate du Rassemblement national, Marine Le Pen, réalise un score beaucoup plus faible qu'au niveau national : 10,69 % au second tour de la présidentielle de 2017 et 13,86 % à celui de 2022, contre respectivement 33,9 % et 41,45 % dans l'Hexagone. Les Français de l'étranger ont peu d'appétence pour l'extrême droite qui défend la fermeture des frontières et le repli sur le territoire national. Les résultats des votes requièrent toutefois des lectures locales qui prennent en compte la sociologie des électeurs et la relation de la France avec le pays de résidence. Au premier tour de l'élection présidentielle de 2022, l'Afrique de l'Ouest et centrale ainsi que le Maghreb, composés d'électeurs binationaux qui ont été des travailleurs immigrés modestes en France, votent majoritairement pour le candidat de gauche, Jean-Luc Mélenchon. De même, les Français de

42. Entretien, Jérusalem, 11 juin 2019.

43. Entretien, Netanya, 11 juin 2019 ; entretien, Tel Aviv, 12 juin 2019.

Moscou et de Saint-Pétersbourg votent au second tour de la présidentielle de 2022 à 56,17 % pour Marine Le Pen, considérée comme la candidate bienveillante à l'égard de la Russie. Autre exemple : les Franco-Israéliens de Tel Aviv, Jérusalem et Haïfa votent au premier tour de l'élection présidentielle de 2022 à 46,66 % pour le candidat d'extrême droite, Éric Zemmour, ce vote exprimant, dans le contexte du conflit israélo-arabe, un soutien au candidat « anti-arabe ». Qu'Éric Zemmour ait tenu des propos ambigus sur le régime de Vichy face à la déportation ou ait critiqué le choix des familles françaises juives d'enterrer leurs morts en Israël ne semble aucunement freiner ces électeurs qui voient en lui d'abord l'opposant à un islam politique qu'ils considèrent être la principale menace à leur sécurité[44].

Les taux d'abstention élevés amènent l'administration consulaire à s'interroger sur les frais des élections à l'étranger. Selon la Cour des comptes, lors de la présidentielle de 2012, le coût moyen d'un électeur français s'élevait à 5,28 euros contre 14,53 euros pour un Français de l'étranger. Le différentiel est encore plus marqué aux législatives de 2012 : 5,76 euros pour le premier contre 61,67 euros pour le second[45]. En 2018, l'administration consulaire estime que l'organisation d'une élection à l'étranger coûte en moyenne 14 millions d'euros, soit l'équivalent des aides sociales distribuées aux Français de l'étranger[46]. La fréquentation des bureaux de vote est souvent faible. Pour prendre les exemples de deux grandes diasporas, les électeurs de Montréal sont 62,12 % à s'abstenir et ceux de New York 59,97 % lors du second tour de la présidentielle de 2022. Lorsqu'il est autorisé, le vote par internet continue de cohabiter avec le vote physique dans les bureaux, dont l'existence est défendue par les élus parlementaires, les associations, les conseillers des Français de l'étranger et de l'AFE. S'y rendre c'est se conformer à un « rituel républicain » cher à certains électeurs : faire la queue devant le consulat ou l'ambassade (comme à Londres ou à Abidjan), déposer son bulletin dans l'urne et serrer la main

44. Philippe Bernard, « La tentative d'Éric Zemmour de normaliser Vichy vise à masquer son vrai projet : mettre à bas la République », *Le Monde*, 6 novembre 2021.

45. Cour des comptes, « L'évolution des missions et de l'organisation des consulats français à l'étranger », communication citée, p. 33.

46. Entretien, DFEAC, ministère de l'Europe et des Affaires étrangères, Paris, 22 mai 2018.

à l'agent consulaire sous le portrait du président de la République contribuent à maintenir la relation du Français de l'étranger avec l'État. Peu importe si on ne paye plus d'impôts en France ou si aucun lieu de résidence ne vous rattache au territoire national, se rendre aux urnes est un moyen de réaffirmer que le vote est un droit que tout citoyen peut exercer dès lors qu'il dispose de la nationalité française.

Une représentation parlementaire spécifique

Avec l'Algérie, le Cap-Vert, la Colombie, la Croatie, la République dominicaine, l'Équateur, la France, l'Italie, la Macédoine, le Mozambique, le Portugal, la Roumanie et la Tunisie, la France figure parmi les treize pays qui offrent à leur diaspora une représentation spécifique au parlement national. Le Maroc avait introduit un tel système en 1984, mais y mit fin en 1992[47]. Le Kenya y pense, si l'on en croit les déclarations en 2023 du vice-président Rigathi Gachagua[48]. Parmi les pays de l'Union européenne, la Croatie, l'Italie, le Portugal et la Roumanie ont une tradition migratoire qui explique leur choix d'avoir des parlementaires représentant les nationaux résidant à l'étranger. En revanche, aucun État du Nord de l'Union européenne n'en dispose, alors que tous présentent des formes anciennes de parlementarisme. Il en va de même pour le Royaume-Uni.

La révision constitutionnelle du 21 juillet 2008 accomplit une promesse faite par Nicolas Sarkozy à la diaspora pendant sa campagne présidentielle : étendre à l'Assemblée nationale sa représentation politique jusqu'alors limitée au seul Sénat (article 24, alinéa 5, de la Constitution). Les Français établis hors de France sont désormais représentés, d'une part, par 12 sénateurs élus pour six ans au suffrage universel indirect sans circonscription particulière et, d'autre part, par 11 députés élus pour cinq ans au suffrage universel direct dans le cadre de circonscriptions spécifiques. Les intérêts des 2,5 millions de Français de l'étranger sont

47. Ghislaine El Abid, « La diaspora marocaine. De l'engagement citoyen à la citoyenneté », *Afrique contemporaine*, 256, 2015, p. 110-113.

48. « DP : We'll Consider Parliamentary Representation of Kenyans in Diaspora », *Star*, 23 avril 2023. Je remercie Victor Mutwiri Kirima de cette information.

donc défendus par 23 parlementaires sur un total de 825 élus que comptent l'Assemblée nationale et le Sénat, soit un parlementaire pour 108 695 habitants, une proportion bien inférieure à celles de certains départements peu peuplés de la France métropolitaine : on compte un parlementaire pour 35 906 habitants dans le Cantal et un pour 37 850 habitants en Lozère, soit une représentation deux fois et demie plus élevée.

Des sénateurs sans circonscription

Les Français de l'étranger disposent d'une représentation au Sénat depuis 1948. Leurs sénateurs sont à l'origine désignés par les délégués du CSFE, ce qui revient à une forme de cooptation. À la suite de la réforme du mode d'élection du CFSE en 1982, ils sont élus par 155 délégués de l'AFE. L'étroitesse de ce corps posant un réel problème démocratique, la réforme Conway-Mouret de 2013 élargit la base électorale à 533 grands électeurs, soit les 443 conseillers des Français de l'étranger auxquels sont adjoints les 68 délégués des Français de l'étranger élus en même temps, les 11 députés des Français de l'étranger et les 12 sénateurs des Français de l'étranger sortants. Comme le souligne Marie-Christine Peltier-Charrier, cette réforme conduit les candidats à devoir reconstituer « le réseau d'interconnaissance et de proximité » avec leurs électeurs « sur une base très élargie, changeant les conditions de l'élection »[49]. N'exagérons pas cependant les effets de l'élargissement du corps électoral. Lors de l'élection du 26 septembre 2021, 55 voix suffisent pour que Yan Chantrel soit élu sénateur des Français de l'étranger sur la liste du Parti socialiste.

Les 12 sénateurs des Français de l'étranger sont désignés par un scrutin de liste à la proportionnelle. Ils ne disposent pas de circonscription particulière et représentent donc le « monde moins la France » si l'on peut dire. En 2023, 6 élus appartiennent à la droite classique, 2 au centre (incluant le groupe Renaissance) et 4 à la gauche. La répartition marque une petite surreprésentation du parti de droite, Les Républicains. Les sénateurs élus sont le plus souvent issus eux-mêmes de la diaspora. On trouve historiquement parmi

49. Marie-Christine Peltier-Charrier, *Les Français de l'étranger comme catégorie politique*, thèse citée, p. 268.

eux beaucoup de cadres expatriés de l'industrie, plutôt marqués à droite et proches des associations de Français de l'étranger. On peut citer les noms de Paul d'Ornano (1974-2001), Xavier de Villepin (1986-2004) ou encore Michel Guerry (2001-2011).

En 2023, 10 sénateurs sur 12 résident à l'étranger, 9 ont occupé un mandat consulaire ou à l'AFE et 8 font partie d'une association de Français de l'étranger (UFE, Association des anciens des lycées français du monde [ALFM], ASFE). Comme le souligne le sénateur Ronan Le Gleut, résidant à Berlin, « il est préférable pour devenir sénateur des Français de l'étranger de cocher un certain nombre de cases », c'est-à-dire d'avoir une expérience vécue avec ou au service de la diaspora[50]. Ségolène Royal, ancienne ministre et candidate à la présidence de la République, en fait les frais en 2021. Se présentant à l'élection de sénatrice sans avoir de véritable lien avec les Français de l'étranger (si ce n'est une naissance à Dakar), elle échoue en n'obtenant que 2 % des voix. Le mandat à l'AFE reste sans conteste l'expérience politique dans laquelle les futurs sénateurs puisent le plus grand capital relationnel pour se faire élire. Il permet d'acquérir une connaissance globale des problèmes de la diaspora et d'asseoir une légitimité vis-à-vis d'elle. Avant d'être élu de l'AFE pour l'Allemagne, Ronan Le Gleut reconnaît qu'il ne savait pas grand-chose des enjeux de sécurité des Français de l'étranger, peu prégnants dans son pays de résidence. Son mandat lui permet de mesurer l'importance de ces questions dans certaines régions du monde, notamment en Afrique ou au Moyen-Orient, et de formuler des positions dans son agenda de campagne[51].

La proximité avec une association de Français de l'étranger reste également fondamentale pour être élu au sénat, car elle renforce le lien avec les grands électeurs. Prenons le cas de l'ASFE, créée par l'homme d'affaires Jean-Pierre Bansard, lui-même élu en 2021 à l'âge de 81 ans et l'un des rares sénateurs ne résidant pas à l'étranger. Son association est conçue comme un micro-parti qui soutient les candidats aux élections consulaires et de l'AFE, en contrepartie d'un vote en sa faveur aux élections sénatoriales. En 2018, son élection

50. Entretien avec Ronan Le Gleut, Berlin, 25 juin 2021.

51. *Ibid.*

est d'ailleurs annulée et son inéligibilité prononcée pour un an, parce qu'il oublie de déclarer dans ses comptes de campagne la prise en charge du voyage et de l'hébergement de conseillers et délégués qu'il avait conviés à Paris pour voter aux sénatoriales. L'affaire est portée devant le Conseil constitutionnel par Olivier Piton, candidat Les Républicains éconduit à cette élection[52]. Il s'agit d'une pratique que la science politique sait nommer : le clientélisme. Elle consiste à entretenir une relation d'intérêt avec un réseau de personnes qui contribuent à votre désignation en qualité de dirigeant[53]. Si l'opinion publique ignore généralement que de telles pratiques puissent exister pour l'élection des sénateurs des Français de l'étranger, les diplomates, voire les parlementaires élus en France, en font souvent l'une de ses caractéristiques majeures.

Dans une assemblée créée pour représenter les territoires, ces sénateurs ne peuvent disposer de circonscription. Ils ne réalisent pas moins un travail de parlementaire. En 2023, 4 sénateurs sur 12 siègent à la commission des affaires étrangères, de la défense et des forces armées, où ils sont souvent impliqués dans l'examen du budget de l'action extérieure de l'État lors de la loi de finances. Les sénateurs installés en Europe, comme Christophe-André Frassa et Jean-Yves Leconte, sont membres de la commission des affaires européennes. Les enseignants comme Yan Chantrel et Samantha Cazebonne participent à la commission de la culture, de l'éducation et de la communication, scrutant de près l'évolution de l'enseignement français à l'étranger. Vivant à l'extérieur de la France, ces sénateurs apportent une dimension comparative à des débats très nationaux, telle la réforme des retraites ou celle de l'assurance maladie. Comme le dit cependant l'un d'entre eux, il s'agit de se faire entendre sans « être considéré comme un traître à la nation par les autres sénateurs[54] ». Entendons par là que l'on ne peut se prévaloir d'une position d'externalité pour briser des principes très ancrés dans la tradition historique de la France, comme la laïcité ou l'interdiction du port du voile à l'école.

52. Décision du Conseil constitutionnel, n° 2017-5262 SEN du 27 juillet 2018.

53. Jean-Louis Briquet et Frédéric Sawicki (dir.), *Le Clientélisme politique dans les sociétés contemporaines*, Paris, PUF, 1998.

54. Entretien avec un sénateur des Français de l'étranger, Paris, 22 février 2022.

Le statut de sénateur des Français de l'étranger offrant des facilités de voyage, ces derniers se déplacent beaucoup, utilisant parfois les résidences des ambassadeurs de France. Les conseillers de Français de l'étranger, les membres de l'AFE, les représentants des associations, mais aussi les parents d'élèves des lycées français, qui sont leurs interlocuteurs locaux, n'hésitent pas à les contacter pour faire contrepoids dès qu'un diplomate bouleverse les intérêts de la diaspora. Dépendant de ces grands électeurs pour leur réélection, les sénateurs répondent à l'appel. À Belgrade, en novembre 2021, mon entretien avec un conseiller des Français de l'étranger dans un hôtel de la ville se termine par une rencontre avec le sénateur socialiste Jean-Yves Leconte, tout juste débarqué de l'avion. Élu depuis 2011, celui-ci maintient une tradition parmi les élus de la chambre haute : porter attention aux problèmes des lycées et écoles françaises[55]. À ma question « Que venez-vous faire en Serbie ? », il répond : « Le problème de la localisation de l'école française suscite en ce moment beaucoup d'émoi dans la communauté des Français de Belgrade. Je suis venu voir ce qui se passe[56]. » Ce sujet précis le conduit à s'entretenir avec les membres de l'ambassade, les élus consulaires ou encore le proviseur du lycée français. De fait, son travail n'a rien de très différent de celui effectué par un parlementaire en métropole, hormis le fait que l'interlocuteur représentant l'État est un ambassadeur ou un consul et non un préfet ou un directeur d'administration régionale. Certains sénateurs, en raison de leur longévité dans la fonction, sont réputés plus influents que d'autres et sont donc plus sollicités en cas de problème. Jusqu'à sa suppression en 2017 par Emmanuel Macron au nom de la transparence de la vie publique, les sénateurs (au même titre que les députés) disposent, comme leurs collègues de la métropole, d'une réserve parlementaire : il s'agit d'une enveloppe budgétaire dont ils peuvent disposer à discrétion pour subventionner les associations dans les circonscriptions. À l'étranger, ce levier leur garantit les bonnes grâces des élites diasporiques qui en bénéficient pour faire fonctionner leurs associations de bienfaisance, comme le Dispensaire français-Société française de bienfaisance à Londres

55. Voir sur ce sujet Vincent Hugoo, *La Distinction à l'étranger*, thèse citée.

56. Entretien avec Jean-Yves Leconte, Belgrade, 26 novembre 2021.

ou l'Organisme local d'entraide et de solidarité (OLES) au Japon[57]. Un budget de 70000 à 80000 euros, représentant les réserves parlementaires de dix sénateurs, était annuellement versé à cette dernière association. En remplaçant les réserves parlementaires par le fonds de Soutien au tissu associatif des Français de l'étranger (STAFE), un dispositif ministériel de subventions auquel les associations peuvent postuler chaque année pour abonder le financement d'un projet, l'État non seulement diminue les montants attribués, mais reprend le contrôle de leur distribution. Cet exemple permet de toucher du doigt la concurrence d'influence entre diplomates et parlementaires que la diaspora suscite.

Des députés aux circonscriptions inatteignables

L'élection de députés des Français de l'étranger a lieu pour la première fois en 2012 après un débat controversé sur le bien-fondé de cette innovation. Dans ses « 110 propositions pour la France » de 1981, François Mitterrand en avait déjà formulé le projet afin d'équilibrer la représentation de sénateurs que le Parti socialiste trouvait trop acquis à la droite et aux milieux d'affaires[58]. La proposition n'est guère suivie d'effet une fois François Mitterrand élu. Il faut attendre la campagne présidentielle de 2007 pour que l'idée revienne en force. Les deux candidats du second tour, Nicolas Sarkozy et Ségolène Royal, désireux de fidéliser les électeurs de la diaspora, proposent la création de députés des Français de l'étranger. Une fois à l'Élysée, Nicolas Sarkozy réunit le Comité de réflexion et de proposition sur la modernisation et le rééquilibrage des institutions, communément appelé le comité Balladur, qui ne juge pas la mesure opportune. Car, si elle était adoptée, souligne le comité, « cela ne pourrait se concevoir que par le biais d'un scrutin de liste appliqué à de vastes circonscriptions regroupant plusieurs régions du monde. Cela supposerait, par ailleurs, l'élection d'une vingtaine de députés au moins[59] ».

---

57. Entretien, Dispensaire français, Londres, 3 octobre 2018 ; entretien, UFE Japon, Tokyo, 19 juillet 2017.

58. Parti socialiste, « 110 propositions pour la France », 1981 (www.mitterrand.org/wp-content/uploads/2020/04/pdf_1981_campagne_110_propositions_light-2.pdf).

59. Comité de réflexion et de proposition sur la modernisation et le rééquilibrage des institutions de la Ve République, « Une Ve République plus démocratique », octobre 2007, p. 72 (www.vie-publique.fr/files/rapport/pdf/074000697.pdf).

Mais l'avis « n'est pas suivi par le président de la République[60] ». Un projet de loi constitutionnel, déposé le 23 avril 2008, prévoit, parmi les mesures de révision de la Constitution de la Cinquième République, que les Français établis hors de France soient désormais représentés à l'Assemblée nationale. En parallèle, l'AFE se prononce pour un système d'élection proportionnelle à un tour dans le cadre de deux grandes circonscriptions : l'une pour l'Europe et l'autre pour le reste du monde[61]. Mais le Parlement réuni en Congrès retient finalement la création de 11 circonscriptions dans lesquelles chaque député est élu au scrutin uninominal à deux tours, selon la règle qui prévaut en France. La notion de territoire paraissant aléatoire pour un découpage électoral au-delà des frontières de l'État, aucune mention géographique n'est donnée dans l'intitulé des postes de député ; un numéro est simplement attaché à chaque circonscription. Quant au critère de population, il est lui aussi incertain, puisqu'il n'existe pas de recensement précis des Français de l'étranger, mais simplement les chiffres issus de registres consulaires qui échappent à l'obligation d'inscription. Il s'agit donc d'un bricolage politique *ad hoc* s'affranchissant largement des principes juridiques de la représentation parlementaire, tels qu'ils ont été pensés et définis pour l'État territorial.

5 circonscriptions législatives sur 11 n'atteignent pas le seuil de 125 000 votants retenu en 2008 par le gouvernement français pour la création d'un poste de député. La 2e circonscription, qui comprend les pays d'Amérique latine et des Caraïbes, compte seulement 75 621 votants. En outre, une même circonscription peut parfois regrouper un nombre très élevé de pays : 50 pour la 11e circonscription (Asie, Europe orientale et Océanie) et 33 pour la 2e circonscription. Enfin, le découpage des circonscriptions est exonéré du respect des continuités territoriales, soit pour contourner des conflits politiques de voisinage, soit pour une raison très arithmétique de nombre d'inscrits. C'est pour la première raison que la diaspora d'Israël n'est pas incluse dans la même circonscription que

---

60. Marie-Christine Peltier-Charrier, *Les Français de l'étranger comme catégorie politique*, thèse citée, p. 267.

61. *Ibid.*, p. 272.

ses voisines d'Égypte, de Jordanie et du Liban. C'est pour la seconde que les Français de Monaco ne votent pas avec l'Italie, mais avec Andorre, l'Espagne et le Portugal.

La projection bricolée de la démocratie étatique induit immédiatement une question : comment fait-on de la politique dans l'espace extraterritorial ? Les campagnes pour les législatives, telles que les ont analysées Cédric Pellen dans la 1re circonscription (États-Unis, Canada)[62] et Étienne Smith dans la 9e (Maghreb, Afrique de l'Ouest)[63], font ressortir des caractéristiques largement différentes de celles qui prévalent sur le territoire national. En premier lieu, il est impossible pour un candidat au poste de député des Français de l'étranger de sillonner l'ensemble de la circonscription qui est la sienne lors d'une campagne électorale. Une bonne partie de sa promotion se limite à des réunions dans les grandes villes ou s'organise sur internet. Cette prédominance des métropoles contribue à expliquer le succès des candidats libéraux. En 2017, 10 députés sur 11 sont issus des rangs de LREM-Renaissance ; en 2022, 9 sur 11 appartiennent à la majorité présidentielle. Anne Genetet, élue LREM-Renaissance en 2017 et 2022 dans la 11e circonscription, souligne qu'il est nécessaire de s'appuyer sur des relais locaux (les élus de l'AFE et les conseillers des Français de l'étranger) pour organiser avec les électeurs de 50 pays des réunions par visioconférence[64].

En deuxième lieu, le contrôle de la tenue de l'élection – confié aux postes diplomatiques et consulaires – est plus difficile à assurer dans un contexte extraterritorial, en raison des contraintes propres au pays de résidence. Les électeurs qui votent par la voie électronique sont ainsi tributaires des réseaux téléphoniques nationaux qui assurent la transmission d'un mot de passe par SMS nécessaire au vote. Des dysfonctionnements conduisent ainsi le Conseil constitutionnel à annuler, en janvier 2023, l'élection, aux législatives de 2022, du député NUPES Karim Ben Cheïkh dans la 9e circonscription (Maghreb, Afrique de l'Ouest) et de la députée LREM-Renaissance Éléonore Caroit dans la 2e circonscription

62. Cédric Pellen, « À la conquête de l'Amérique », art. cité.

63. Étienne Smith, « Voter au loin », art. cité.

64. Entretien avec Anne Genetet, députée des Français de l'étranger, Paris, 27 septembre 2018.

(Amérique latine et Caraïbes)[65]. Ils sont réélus lors d'une élection partielle. De même, les pratiques clientélistes sont moins faciles à contrôler dans un pays étranger que sur le territoire national. En février 2023, le Conseil constitutionnel annule l'élection du député UDI Meyer Habib dans la 3e circonscription (Israël, Turquie, Europe du Sud), parce que ses soutiens en Israël ont mis en place une plateforme téléphonique permettant aux électeurs de voter par internet à leur place en utilisant leur identifiant et leur mot de passe[66]. Soutenue par la diaspora sépharade ancrée à droite, Meyer Habib crie à un complot de la diplomatie française, la consule générale à Tel Aviv ayant signalé pendant l'élection ses pratiques douteuses[67]. Meyer Habib réussit finalement à conserver son siège à l'issue d'une élection partielle qu'il remporte.

En troisième lieu, les campagnes pour l'élection des Français de l'étranger sont marquées par des formes d'autochtonie. Cela est lié tout d'abord aux candidats eux-mêmes. En 2023, 10 députés sur 11 résident dans l'un des pays de leur circonscription, et non en France. À la différence des sénateurs, ils sont moins issus des structures corporatistes de représentation des Français de l'étranger, comme l'AFE ou les associations UFE et ALFM. Certains députés LREM-Renaissance, comme Anne Genetet dans la 11e circonscription et Alexandre Holroyd dans la 3e, se lancent en campagne en ayant comme seul capital politique leur appartenance à une diaspora locale. L'autochtonie se mesure ensuite à l'énoncé des thèmes qui animent une campagne. Il peut s'agir de problèmes propres à la diaspora, comme la qualité de l'enseignement dans les lycées français, le fonctionnement de la Caisse des Français de l'étranger ou encore la fiscalité des non-résidents en France, mais aussi d'enjeux politiques qui concernent la politique des pays de résidence. En 2017, la sénatrice Leila Aïchi se voit ainsi privée de l'investiture de LREM-Renaissance dans la 9e circonscription après avoir été fortement soupçonnée au Maroc de sympathie pour le Front Polisario (et donc l'Algérie) dans l'affaire du Sahara occidental. C'est un autre candidat de la « majorité présidentielle », M'jid

65. Décisions d'annulation du Conseil constitutionnel, 20 janvier 2023.
66. Décision d'annulation du Conseil constitutionnel, 3 février 2023.
67. *Le Canard enchaîné*, 14 juin 2022.

El Guerrab, clairement soutenu par le gouvernement marocain, qui remporte l'élection[68]. En 2017 et 2022, Meyer Habib use de sa proximité avec Benyamin Netanyahou pour s'attirer les voix des Franco-Israéliens assez nombreux à soutenir la politique du Likoud[69]. La représentation parlementaire de la France dépend ainsi d'enjeux qui n'ont plus à voir directement avec la politique française. Les élections législatives deviennent l'occasion d'importer la politique d'un autre État dans le jeu politique national, sans que le gouvernement et les diplomates français puissent contrôler ce processus.

Une fois élu, il est difficile pour un député des Français de l'étranger d'être régulièrement présent auprès de tous les électeurs de sa circonscription. Le travail de terrain passe souvent par des visites de courte durée, à l'exception du pays dans lequel le vote de la diaspora compte le plus pour remporter l'élection. Vivant à Londres, Alexandre Holroyd, député de la 3e circonscription, concentre ainsi son action parlementaire sur le Royaume-Uni (146 000 Français recensés). Bien que résidant à Varsovie, Frédéric Petit, député de la 2e circonscription, doit s'intéresser de près à l'Allemagne où se trouve son plus grand réservoir d'électeurs (114 300 Français recensés). Habitant Jérusalem, Meyer Habib, député de la 8e circonscription, privilégie ses liens avec la diaspora d'Israël (68 000 Français inscrits). Ce favoritisme est souvent mal vécu par les électeurs des autres pays de la circonscription. Dans la 8e, les Français d'Italie (36 600 inscrits) ont ainsi le sentiment qu'en dehors d'Israël, dont les électeurs « font » l'élection, l'intérêt du député pour leur pays est marginal, bien que le suppléant en soit issu. Parce qu'elles sont immenses, les circonscriptions législatives extraterritoriales sont faiblement incarnées par leurs élus, un déficit de représentation généralement perçu par les notables de la diaspora. Au Burkina Faso, un conseiller des Français de l'étranger parle « de la triste réalité du mandat de député qu'il faudra un jour rationaliser[70] ». Aux États-Unis, un conseiller de l'AFE déclare que les députés LREM-Renaissance n'ont pas de vrais contacts avec les

68. Étienne Smith, « Voter au loin », art. cité, p. 20.

69. Entretien avec un conseiller des Français de l'étranger, Tel Aviv, 12 juin 2019.

70. Entretien avec un conseiller des Français de l'étranger au Burkina Faso, 16 juillet 2021 (par zoom).

élus consulaires, car « ils les considèrent comme des notables qui incarnent le vieux monde politique[71] ». À Bruxelles, un conseiller des Français de l'étranger parle d'un « député quasi inexistant[72] ».

Malgré ce rapport structurellement distant au territoire, les députés des Français de l'étranger n'en sont pas moins associés au travail parlementaire. En 2023, ils appartiennent à six commissions permanentes avec, sans surprise, une surreprésentation au sein de la commission des affaires étrangères qui compte 4 députés sur 11. L'autochtonie mentionnée plus haut conduit à une forme de spécialisation. Outre qu'il préside le groupe d'amitié France-Royaume-Uni à l'Assemblée nationale, Alexandre Holroyd consacre une grande partie de son activité entre 2017 et 2020 au problème du Brexit. Rapporteur en 2018 du projet de loi « habilitant le gouvernement à prendre par ordonnances les mesures de préparation au retrait du Royaume-Uni de l'Union européenne », il est également co-rapporteur de la mission d'information sur le partenariat futur entre l'Union européenne et le Royaume-Uni. Frédéric Petit est chargé par le président de la commission des affaires étrangères, en janvier 2023, d'une mission d'évaluation sur l'élargissement de l'Union européenne aux Balkans occidentaux. Meyer Habib consacre de nombreuses interventions à la lutte contre l'antisémitisme et au conflit israélo-arabe. La rédaction de rapports, les questions au gouvernement et l'exercice de missions parlementaires servent à légitimer une action et sont mis en avant lors d'une campagne de réélection. La différence avec un député élu en France ou dans les DOM-TOM tient toutefois aux interactions beaucoup plus réduites avec les électeurs sur le terrain. C'est la raison pour laquelle une élection au scrutin proportionnel de liste, comme cela est envisagé en 2017 pour répondre à une demande du Modem sur le plan national[73], ne changerait fondamentalement rien à la question de la représentativité. En revanche, la proportionnelle

71. Entretien avec un conseiller de l'AFE pour les États-Unis, 19 juillet 2021 (par téléphone).

72. Entretien avec un conseiller des Français de l'étranger pour la Belgique, Bruxelles, 2 février 2022.

73. Entretiens avec une députée des Français de l'étranger, Paris, 20 septembre 2018 et 27 septembre 2018.

risquerait d'attirer davantage les « parachutés » des partis politiques en quête de mandat sans avoir nécessairement une expérience vécue des problèmes de la diaspora.

Le diplomate en concurrence

Au cours de sa carrière professionnelle, le diplomate est en relation permanente avec le responsable politique. Paradoxalement, les études diplomatiques ont peu investi la nature exacte de cette relation, comme le souligne Geoffrey Wiseman dans une récente publication[74]. Traditionnellement, le diplomate français a pour interlocuteurs dans la sphère politique parisienne les ministres, leur cabinet et la présidence de la République qui jouent un rôle déterminant en matière de politique étrangère sous la Cinquième République, comme le montrent les travaux de Samy Cohen[75]. Il faut y ajouter les parlementaires des Français de l'étranger, même si de nombreux diplomates expriment des critiques à l'égard d'une représentation parlementaire qu'ils vivent, au même titre que celle, corporatiste, des élus consulaires, comme une intrusion dans leur sphère de pouvoir. Ils utilisent souvent le terme connoté de « millefeuille » pour décrire cet empilement d'échelons politiques et administratifs.

Pour la science politique, la tension entre le diplomate et le parlementaire permet de vérifier trois hypothèses analytiques. La première est le compromis permanent (plutôt que la démonopolisation) que doivent assurer les diplomates avec la myriade d'acteurs nationaux, étatiques ou non, qui interviennent dans l'élaboration et la mise en œuvre de la diplomatie d'un pays[76]. Quand le parlementaire élu des Français de l'étranger met en avant la légitimité du suffrage universel pour justifier sa participation à la décision, les diplomates soulignent avec insistance le niveau élevé des taux d'abstention lors des élections. La deuxième

---

74. Geoffrey Wiseman, « Expertise and Politics in Ministries of Foreign Affairs. The Politician-Diplomat Nexus », dans Christian Lequesne (ed.), *Ministries of Foreign Affairs in the World. Actors of State Diplomacy*, La Haye, Brill, 2022, p. 119-149.

75. Samy Cohen, *La Monarchie nucléaire. Les coulisses de la politique étrangère sous la Vᵉ République*, Paris, Hachette, 1986.

76. Christian Lequesne, « Why Studying State Foreign Services Remains a Research Priority », *Diplomacy and Statecraft*, 30 (4), 2019, p. 780-785.

hypothèse est le renforcement de la « politisation » de la diplomatie, la conception et l'action diplomatiques relevant davantage de choix argumentatifs que de la seule expertise. On assiste à une intrusion du parlementaire dans des affaires que le diplomate considère relever strictement de sa compétence, comme les questions consulaires. Ambassadeurs et consuls doivent rendre des comptes aux représentants des Français de l'étranger qui posent des questions, assurent un contrôle, écrivent des courriers au ministre des Affaires étrangères et aux directeurs d'administration centrale sur des problèmes précis, tels que la capacité d'accueil des élèves dans un lycée français ou le temps d'attente pour obtenir un rendez-vous dans un consulat. Parce qu'ils disposent d'une clientèle politique parmi les notables de la diaspora française, dont ils dépendent pour leur réélection, les députés et les sénateurs des Français de l'étranger font entrer les pratiques de représentation des intérêts dans le travail diplomatique. Or les diplomates sont moins habitués que d'autres fonctionnaires d'État à traiter avec des groupes d'intérêt dans la définition de leur politique publique. Troisièmement, l'existence d'une représentation parlementaire amène les diplomates à accepter l'émergence dans leur travail de pratiques qui ressortent de la politique intérieure. Ainsi « domestiqué », leur métier perd de sa spécificité par rapport aux professions des autres fonctionnaires d'État[77]. Ce point est peut-être à relier au malaise qu'éprouvent les diplomates français face à l'intégration en 2022 de leur corps dans celui des administrateurs d'État, à la suite de la réforme générale de l'accès à la haute fonction publique[78]. Face à cette représentation parlementaire, le diplomate se trouve en quelque sorte confronté au double mouvement de « partage » et de « dé-spécification » de son métier. On comprend mieux dès lors que la relation diplomate-parlementaire puisse comporter une dose de conflit.

La participation des Français de l'étranger aux élections nationales montre que le territoire n'est pas en France une condition obligatoire pour exprimer son droit politique de citoyen, pas plus que ne l'est le versement de l'impôt au budget de l'État. Au

---

77. HwaJung Kim et Jan Melissen (eds), « Engaging Home in International Diplomacy », *The Hague Journal of Diplomacy*, 17 (4), 2022.

78. Décret 2022-561 du 16 avril 2022 dans *Journal officiel de la République française (lois et décrets)*, 91, 17 avril 2022.

regard du vote, le diplomate remplit les mêmes fonctions auprès des membres de la diaspora que le maire en France. Il subit la concurrence d'une représentation parlementaire propre à la diaspora (Sénat et Assemblée nationale), dont l'action est légitimée par le suffrage universel et qui lui fait perdre le monopole du traitement des affaires consulaires.

Chapitre 5
Des écoles pour les enfants de la diaspora

Le réseau des écoles françaises à l'étranger n'a pas été créé pour les enfants de la diaspora, mais pour délivrer un enseignement français dans les pays étrangers. Aujourd'hui encore, lorsque le président de la République, Emmanuel Macron, fixe l'objectif d'un doublement des effectifs des écoles françaises d'ici 2030, c'est aux élites étrangères qu'il adresse prioritairement ce message[1]. Le phénomène de l'expatriation, qui se développe après la seconde guerre mondiale, voit cependant surgir chez les Français de l'étranger la revendication de disposer pour leurs enfants des mêmes conditions de scolarisation qu'en France, et cette exigence est notamment portée par les sénateurs des Français de l'étranger. Dans certaines grandes métropoles comme Londres, Bruxelles ou New York, les enfants français constituent en 2023 la majorité des élèves scolarisés dans ces établissements, leurs parents reproduisant des pratiques très semblables à celles de leurs concitoyens de France en matière de demande d'éducation.

Ce chapitre montre d'abord comment l'État exerce en France une tutelle sur les écoles françaises à l'étranger, ce qui est loin d'être le modèle dominant pour les écoles internationales dans le monde. Il analyse ensuite la composition de ces établissements, dans lesquels les enfants de la diaspora restent globalement minoritaires. Il

1. Emmanuel Macron, discours pour la stratégie sur la langue française, Paris, Institut de France, 20 mars 2018.

montre enfin la place qu'occupe l'école dans le champ d'activité du diplomate français : un sujet sensible qui le confronte à la diaspora et à ses élus.

Un réseau d'écoles sous tutelle de l'État

Comme l'écrivent deux spécialistes reconnus du sujet, Mary Hayden et Jeff Thompson, « l'éducation reste principalement une donnée nationale ». Il n'est dès lors pas étonnant que « les écoles internationales soient à bien des égards un secret bien gardé, avec une majorité de personnes dans le monde qui en ignorent l'existence même[2] ». Cette remarque sous-estime toutefois les effets de la mondialisation sur l'éducation et le développement subséquent de nombreuses écoles internationales. Par école internationale, il faut entendre un établissement d'éducation dans lequel l'enseignement et, le plus souvent, la langue d'enseignement diffèrent de ceux de l'État qui l'héberge. Selon certaines estimations, il existait environ 300 écoles de ce type à la fin des années 1960. Elles étaient 2 584 en 2000 et 8 257 en 2016, avec un total de 4,3 millions d'élèves scolarisés, dont la majorité sur le continent asiatique[3]. Ces chiffres ne reflètent toutefois pas une réalité indiscutable en raison du flou qui entoure le concept d'école internationale. Il en existe clairement différents types. Beaucoup d'entre elles sont des entreprises privées indépendantes, dont le financement dépend des seuls frais de scolarité versés par les parents. C'est le cas, par exemple, du réseau des écoles américaines dites *international schools*. D'autres sont, au contraire, liées à un État qui dispense programmes et ressources. C'est la particularité des établissements français dans le monde, mais aussi des lycées italiens, allemands ou espagnols. Certaines sont des structures destinées en priorité aux enfants des expatriés, quand d'autres visent les élites locales. De plus en plus d'écoles internationales accueillent les deux types de public, arbitrant

---

2. Mary Hayden et Jeff Thompson, « International Schools. Antecedents, Current Issues and Metaphors for the Future », dans Richard Pearce (ed.), *International Education and Schools. Moving Beyond the First 40 Years*, Londres, Bloomsbury, p. 3.

3. Nicolas Brummit et Anne Keeling, « Charting the Growth of International Schools », dans Richard Pearce (ed.), *International Education and Schools*, *op. cit.*, p. 25-36 ; Danau Tanu, « Going to School in "Disneyland". Imagining International School Community in Indonesia », *Asia and Pacific Migration Journal*, 25 (4), 2016, p. 429-450.

parfois avec difficulté la place qu'il convient d'accorder à l'un et l'autre groupe. Dans tous les cas, ces établissements accueillent ceux que David Pollock et Ruth Van Reken appellent les « enfants de la troisième culture[4] », c'est-à-dire des individus qui, dès leur plus jeune âge, reçoivent une partie de leur éducation en dehors de la culture de leurs parents et s'habituent à établir une relation avec plusieurs autres cultures. Les écoles internationales sont devenues en 2023 un enjeu de concurrence mondiale, qui s'exerce à travers l'offre d'enseignement mais aussi les frais de scolarité. Au Maroc, si les établissements français attirent massivement les enfants des classes moyennes et supérieures locales, c'est dans un contexte de rivalité croissante avec les écoles américaines, espagnoles, finlandaises (pour les petites classes) mais aussi, avant leur fermeture en 2017 sur injonction du gouvernement d'Ankara, avec les écoles turques du réseau Gülen[5].

Le premier établissement français à l'étranger, le Collège français (*Französisches Gymnasium*) de Berlin, a été créé en 1689 à l'initiative de réfugiés huguenots[6]. C'est surtout à partir du XIXe siècle que ces établissements scolaires se développent. En 1826, Philippe Panon Desbassayns, comte de Richemont, administrateur des Établissements français de l'Inde, fonde le Collège royal de Pondichéry[7]. À partir de la seconde moitié du XIXe siècle, l'ouverture de nouvelles écoles françaises s'accroît dans les territoires colonisés, au Maroc, en Tunisie ou encore dans la concession française de Shanghai, mais aussi au-delà de l'empire. En 1868, Victor Duruy, ministre français de l'Instruction publique, coopère avec le sultan Abdulaziz pour restructurer le lycée Galatasaray d'Istanbul qui, en offrant un programme français, doit contribuer à former les futurs cadres de l'Empire ottoman. En 1884, des parents alsaciens fuyant leur région annexée par l'Allemagne, créent à

4. David C. Pollock et Ruth E. Van Reken, *Third Culture Kids. Growing Up Among Worlds*, Boston, Braley, 2009.

5. Sylvain Beck, « Concurrence mondiale et conflits diplomatiques autour de l'offre d'éducation », dans Christian Lequesne (dir.), *La Puissance par l'image. Les États et leur diplomatie publique*, Paris, Presses de Sciences Po, 2021, p. 119-141.

6. Christian Velder, *300 Jahre Französisches Gymnasium-300 ans au Collège français*, Berlin, Nicolai, 1989.

7. Alain Bry, *Le Mini-mammouth du Quai d'Orsay, 1685-2013. Histoire et devenir du réseau scolaire français*, autoédition, 2013, p. 10.

Bâle, en Suisse, l'École française[8]. Dans la majorité des cas, il s'agit d'initiatives privées, portées par des congrégations religieuses ou des associations de parents, faisant appel majoritairement à des enseignants locaux, en particulier des prêtres missionnaires. Léon Gambetta a d'ailleurs cette réplique célèbre en parlant de l'action éducative des congrégations religieuses à l'étranger : « L'anticléricalisme n'est pas un bien d'exportation[9]. » C'est également en 1860 que naît dans les milieux juifs républicains de Paris le projet de l'Alliance israélite universelle destinée à transmettre une culture juive « résolument moderne », mais aussi la langue française, aux enfants des communautés sépharades vivant dans le monde arabo-musulman (Maroc, Turquie, Iran) et en Europe orientale. Les écoles de l'Alliance offrent des enseignements en français aux enfants des grandes communautés juives de Thessalonique et de Ioánnina en Grèce, ou encore de Monastir (l'actuelle Bitola) en Macédoine[10]. En 1870, l'Alliance crée en Palestine, à l'initiative d'un juif strasbourgeois, Charles Netter, la première école d'agriculture, Mikvé-Israël (« Espoir d'Israël »), dont le site originel d'Holon, près de Tel Aviv, accueille aujourd'hui le lycée franco-israélien[11]. Enfin, en 1883 est créée l'Alliance française dans le but d'assurer l'enseignement du français dans le monde par le biais de structures associatives locales. Comme l'écrit Alain Bry, « à aucun moment, l'Alliance française n'a [...] sérieusement envisagé de créer, ou contribuer à créer, un réseau scolaire à proprement dit[12]. » Son objectif prioritaire est l'apprentissage de la langue française aux adultes. Il n'en demeure pas moins que certains établissements, tels le lycée français de Valence créé en 1888 ou le collège français de Santiago du Chili créé en 1932, sont nés sous son égide.

Au début du XXe siècle, l'idéal de l'école laïque porté par les lois Ferry amène les milieux républicains à s'interroger sur l'action

---

8. *Ibid.*

9. Cité par Guillaume Frantzwa, *L'Image de puissance. La diplomatie culturelle de la France au XXe siècle*, Paris, Perrin, 2023, p. 14.

10. Georges Bensoussan, *L'Alliance israélite universelle (1860-2010). Juifs d'Orient, lumières d'Occident*, Paris, Albin Michel, 2020.

11. Entretien avec Ruth Bensmihan, lycée franco-israélien Mikvé-Israël, Holon, 9 juin 2019.

12. Alain Bry, *Le Mini-mammouth du Quai d'Orsay*, *op. cit.*, p. 33.

à entreprendre pour que l'enseignement français à l'étranger ne soit pas entièrement contrôlé par les établissements catholiques. En 1902 est créée la Mission laïque française dont le premier établissement ouvre ses portes à Madagascar en 1905, grâce à l'action du gouverneur Victor Augagneur, qui est aussi membre du conseil du Grand Orient de France. Ce dernier entend favoriser un concurrent laïc aux écoles chrétiennes (protestantes d'abord, puis de plus en plus catholiques) dans la colonie française, qui y dispensent un enseignement en français depuis 1840. À partir de 1920, les écoles de la Mission se développent au Moyen-Orient, avec un dynamisme qui ne doit rien au hasard dans deux pays où les écoles chrétiennes sont bien implantées : le Liban et la Syrie[13]. Du côté de l'État républicain cependant, aucune politique volontariste ne cherche encore à faire de l'enseignement français laïc une action de diplomatie sous le contrôle du Quai d'Orsay. Si la loi Combes de juillet 1904 supprime l'enseignement congréganiste en métropole, la diplomatie française continue à considérer avec bienveillance le travail des écoles religieuses dans les colonies et à l'étranger. L'ambassadeur Albert Chambon note avec humour : « Sans doute faut-il élever, dans chaque établissement religieux à l'étranger, une statue à Émile Combes. » C'est en effet grâce à lui qu'en 1904, les écoles françaises peuvent compter sur de précieux renforts d'enseignants compétents exilés pour diffuser la langue et la culture françaises[14].

Le ministère des Affaires étrangères se dote en 1911 d'un Bureau des écoles et des œuvres françaises à l'étranger qui accorde des subventions aux établissements scolaires. Au lendemain de la première guerre mondiale lui succède le Service des œuvres françaises à l'étranger (SOFE), chargé d'animer la politique culturelle de la France à l'étranger. Si les moyens humains de cette nouvelle administration sont limités (neuf personnes à Paris en 1939[15]), les budgets ne sont en revanche pas négligeables. Ils permettent de

---

13. André Thévenin, *La Mission laïque française à travers son histoire, 1902-2002*, Paris, Mission laïque française, 2002.

14. Albert Chambon, *Mais que font donc ces diplomates entre deux cocktails ?*, Paris, Pedone, 1983, p. 58.

15. Robert Frank, « La machine diplomatique culturelle française après 1945 », *Relations internationales*, 115, 2003, p. 331.

soutenir les écoles gérées par la Mission laïque, l'Alliance israélite universelle, les congrégations et les associations de parents. À partir des années 1930 commencent aussi à être envisagés, grâce à l'obstination de tel ambassadeur ou de tel consul, la construction de grands établissements scolaires avec l'idée que l'action éducative participe au rayonnement de l'État français[16]. Un exemple emblématique est la création en 1935, sous l'impulsion du consul général Charles de Ferry de Fontnouvelle, du lycée français de New York[17]. En 1937, on ne compte «pas moins de 648 professeurs détachés, dont 213 en Europe et le reste essentiellement aux États-Unis[18]». Les établissements situés dans les colonies restent en revanche sous la tutelle du ministère des Colonies. On ne saurait donc parler encore d'une politique publique proactive destinée à soutenir le rayonnement de la diplomatie française.

Il faut attendre la fin de la seconde guerre mondiale et la création de la direction générale des Relations culturelles, scientifiques et techniques (DGRCST) au sein du Quai d'Orsay pour que l'enseignement français à l'étranger se structure davantage en réseau sous l'égide de l'État. Les directeurs de la DGRCST s'attachent à promouvoir la «grande culture» à l'étranger, mais aussi à développer un Service de l'enseignement à l'étranger[19]. Dans le courant des années 1950-1960, plusieurs nouveaux lycées verront le jour, comme à Lisbonne en 1952, d'autres sont rénovés et s'agrandissent, comme à Santiago du Chili en 1959 et à Madrid en 1967. En 1977, il existe 83 lycées français à l'étranger[20].

Nous l'avons vu dans le chapitre 2, les années 1960-1970 sont marquées par une nouvelle forme d'émigration, l'expatriation temporaire de Français qualifiés et de coopérants. Parce qu'ils sont susceptibles de retourner un jour en France, ces derniers souhaitent faire bénéficier à leurs enfants du même enseignement que dans l'Hexagone. Si la DGRCST ne veut surtout pas renoncer à attirer les enfants des élites locales dans le but d'asseoir l'action diplomatique

---

16. François Chaubert et Laurent Martin, *Histoire des relations culturelles dans le monde contemporain*, Paris, Armand Colin, 2011, p. 118.
17. Histoire du lycée français de New York (www.lfny.org/about-us/history).
18. François Chaubert et Laurent Martin, *Histoire des relations culturelles*, *op. cit.*, p. 124.
19. Robert Frank, «La machine diplomatique culturelle française...», art. cité, p. 330.
20. François Chaubert et Laurent Martin, *Histoire des relations culturelles*, *op. cit.*, p. 132.

de la France, l'UFE, les élus du CSFE, les sénateurs des Français de l'étranger, mais aussi certains ambassadeurs (comme Armand Bérard en Italie de 1962 à 1967[21]) vont porter les revendications scolaires de cette nouvelle diaspora. Dans sa thèse de sociologie sur les établissements français en Allemagne, Vincent Hugoo montre comment le sénateur Jacques Habert, ancien professeur au lycée français de New York et directeur du journal *France-Amérique*, s'en empare pour fédérer des « petites écoles » d'initiative parentale, qui échappent à la tutelle de la DGRCST, au sein d'une Association nationale des écoles françaises de l'étranger (ANEFE). C'est également à la fin des années 1970 que la Mission laïque crée les premières écoles d'entreprise pour les enfants de cadres français expatriés[22]. En soutenant l'idée d'un réseau d'enseignement qui s'adresserait surtout aux enfants français, les sénateurs, le CSFE et les associations introduisent aussi dans le débat le thème de la gratuité de la scolarité, auquel le gouvernement ne donne pas suite[23] : les familles françaises peuvent solliciter des bourses, mais l'enseignement français à l'étranger restera payant.

À partir du milieu des années 1960, le ministère de l'Éducation nationale accorde de plus en plus à des proviseurs et à des professeurs, notamment agrégés, un détachement pour enseigner dans les lycées français à l'étranger. Les « détachés au barème » bénéficient alors de confortables primes d'expatriation. Le Quai d'Orsay assure une tutelle grandissante sur l'enseignement français à l'étranger *via* la prise en charge directe d'établissements, mais il n'est pas le seul ministère. La décolonisation a en effet conduit à la création en 1960 d'un ministère de la Coopération chargé des relations de la France avec les pays dit du « champ », c'est-à-dire les anciennes colonies de l'Afrique de l'Ouest et centrale. C'est à lui que revient la gestion des lycées dans les pays concernés. De même, les forces françaises en Allemagne (FFA) disposent d'une direction de l'Enseignement français (DEFA) qui gère 63 établissements où sont scolarisés 12 700 enfants du personnel militaire et civil en

21. Alain Bry, *Le Mini-mammouth du Quai d'Orsay*, *op. cit.*, p. 75.

22. Vincent Hugoo, *La Distinction à l'étranger*, thèse citée, p. 86-128.

23. Marie-Christine Peltier-Charrier, *Les Français de l'étranger comme catégorie politique*, thèse citée, p. 361.

1989. La DEFA ne dépend pas de la DGRCST, mais est placée sous la double tutelle du ministère de l'Éducation nationale et de celui de la Défense[24].

Au milieu des années 1970, l'État envisage une plus grande centralisation institutionnelle de l'enseignement français à l'étranger. Vincent Hugoo l'explique par la conjonction de trois facteurs : tout d'abord, le ministère de l'Éducation nationale souhaite homogénéiser davantage les filières scolaires dans la lignée de la loi Haby de 1975 ; ensuite, la Cour des comptes plaide pour une optimisation des coûts d'un enseignement français à l'étranger aux tutelles éclatées ; enfin, les gouvernements de gauche arrivés au pouvoir en 1981 veulent un enseignement à l'étranger un peu moins sous l'emprise des sénateurs des Français de l'étranger de droite, mais également gratuit pour éviter la polarisation sociale[25]. Le programme du Parti socialiste sur ce thème parle d'un enseignement qui, compte tenu de son caractère payant, n'attire que « la bourgeoisie locale et les fils de diplomates ou des cadres francophones[26] ». Il évoque en outre la nécessité de créer un « office public, scolaire, universitaire et culturel français à l'étranger[27] ». Ce constat prépare la loi du 6 juillet 1990 créant l'AEFE sous la double tutelle du ministère des Affaires étrangères et du ministère de la Coopération qui ne fusionneront qu'en 1998[28]. Le CSFE n'est pas vraiment associé à la création de l'AEFE, car le gouvernement de gauche le considère beaucoup trop proche des sénateurs des Français de l'étranger, majoritairement de droite. Outre qu'il lui revient d'administrer les établissements scolaires en gestion directe, l'AEFE est investie d'une tâche centrale essentielle : assurer une tutelle sur l'ensemble des établissements privés ou associatifs à l'étranger en veillant à la bonne conformité de leur programme avec celui du ministère français de l'Éducation nationale.

---

24. Hélène Perrein-Engels, *La Présence militaire française en Allemagne de 1945 à 1993*, thèse de doctorat en géographie-aménagement, sous la direction de François Reitel, Université de Metz, 1994, tome 1, p. 268.

25. Vincent Hugoo, *La Distinction à l'étranger*, thèse citée, thèse citée, p. 97-98.

26. Parti socialiste, *Le Parti socialiste et les Français de l'étranger*, *op. cit.*, p. 37.

27. *Ibid.*, p. 45.

28. Loi 90-588 du 6 juillet 1990, *Journal officiel de la République française (lois et décrets)*, 159, 11 juillet 1990.

L'école partagée

En 2023, le réseau d'enseignement français rassemble 566 établissements scolaires établis dans 138 pays du monde. Ce sont 390 000 élèves qui sont scolarisés dans trois types d'établissement homologués par le ministère français de l'Éducation nationale : 68 sont gérés directement par l'AEFE ; 162 sont des structures associatives sous convention avec l'AEFE (elles peuvent à ce titre bénéficier de l'affectation de professeurs détachés par l'État français) ; et enfin, 336 sont des structures associatives ayant le statut d'établissements partenaires[29]. Parmi les élèves, 35 % seulement sont français, les 65 % restants sont originaires soit du pays où se trouve le lycée, soit de pays tiers (comme les enfants de diplomates des pays francophones). Ces chiffres soulignent bien que les écoles françaises à l'étranger ne sont pas seulement des établissements pour les Français mais des écoles partagées, contrairement à ce que certains élus de la diaspora laissent parfois supposer.

Pour le ministère de l'Europe et des Affaires étrangères, l'inscription d'élèves non français reste un objectif diplomatique essentiel, dans un contexte où l'apprentissage de la langue française est en perte de vitesse et où la concurrence avec les écoles offrant un enseignement dans d'autres langues, notamment l'anglais, est forte. Un élu consulaire du Burkina Faso le constate, « de plus en plus d'élites burkinabè sont tournées vers le monde anglophone et mettent leurs enfants à l'International School de Ouagadougou[30] ». La même préoccupation de rendre attrayant pour les étrangers l'enseignement français se retrouve au niveau politique. Lorsqu'Emmanuel Macron fixe comme objectif, en mars 2018, le doublement du nombre d'élèves dans les lycées du réseau à l'horizon 2030, ce sont bien entendu les élèves étrangers qu'il vise[31]. Rappelons par ailleurs qu'il existe des Français de l'étranger « invisibles » et que seuls 25 % des enfants de la diaspora fréquentent un établissement français à

29. « Les établissements d'enseignement français en réseau », 2023 (www.aefe.fr/reseau-scolaire-mondial/les-etablissements-denseignement-francais-en-reseau).

30. Entretien avec un conseiller des Français de l'étranger du Burkina Faso, 16 juillet 2021 (par zoom).

31. Emmanuel Macron, discours pour la stratégie sur la langue française, Paris, Institut de France, 20 mars 2018.

l'étranger[32]. Pour autant, les 75 % d'enfants scolarisés dans d'autres écoles n'échappent pas totalement au réseau français, grâce notamment au dispositif « Français langue maternelle » (FLAM) qui prévoit des subventions pour les associations encourageant la pratique du français comme langue maternelle dans un cadre extra-scolaire, ou encore pour les cours du Centre national d'enseignement à distance (CNED). À Londres, des familles inscrivent leurs enfants à l'école publique britannique, parce que les frais de scolarité des établissements français sont trop élevés. D'autres, très aisées, font le choix d'inscrire leurs enfants dans des écoles internationales payantes hors du réseau français, pour favoriser notamment l'apprentissage de l'anglais[33].

Les élèves français sont très présents dans les villes d'Europe où se trouvent les grandes diasporas, comme à Londres et à Bruxelles, et les expatriés (au sens strict où nous utilisons ce terme), comme à Tokyo. À Londres par exemple, 80 % des élèves des établissements français sont français. Un diplomate en poste au Royaume-Uni n'hésite pas à dire : « Cela nous fait passer à côté du travail d'influence dans le pays de résidence. Il s'agit ici d'écoles françaises pour des Français[34]. » À Tokyo, le lycée français accueille également 80 % de Français pour 10 % de Japonais et 10 % d'élèves d'autres nationalités[35].

Les parents étrangers sont impliqués dans la gestion des écoles associatives, suscitant parfois des tensions avec la direction, comme au lycée Maurice-Delafosse d'Abidjan ou à l'École française de Belgrade à propos des choix immobiliers[36]. Ce sont cependant dans les lycées où les élèves français sont fortement représentés que les parents sont les plus organisés. Les associations locales de parents d'élèves sont affiliées à des fédérations nationales, telles la Fédération des associations de parents d'élèves des établissements d'enseignement français à l'étranger (FAPEE), la Fédération

---

32. Samantha Cazebonne, « L'enseignement français à l'étranger. Une ambition réaffirmée dans un nouveau contexte international », rapport au Premier ministre, 2019, p. 66.

33. Observation participante, Londres, octobre 2018.

34. Entretien, ambassade de France, Londres, 3 octobre 2018.

35. Entretien avec un conseiller des Français de l'étranger, Tokyo, 31 juillet 2017.

36. Entretien au lycée Maurice-Delafosse, Abidjan, 31 octobre 2019 ; entretien avec un conseiller des Français de l'étranger, Belgrade, 26 novembre 2021.

des conseils de parents d'élèves (FCPE), plutôt de gauche, ou la Fédération des parents d'élèves de l'enseignement public (PEEP), plus à droite. Ce tissu associatif permet d'entretenir le lien avec le débat français sur les politiques d'éducation et d'enseignement.

L'augmentation des frais de scolarité, variables d'un pays à un autre et selon le statut de l'école, demeure la principale préoccupation des parents français. En 2018, ces frais s'échelonnaient entre 1 538 euros par an à Madagascar et 18 911 euros aux États-Unis. Le niveau moyen par élève est de 4 718 euros dans les établissements à gestion directe, de 5 441 euros dans les établissements conventionnés et de 5 557 euros dans les établissements partenaires[37]. Il y a quelques exceptions à la règle, à l'instar des lycées franco-allemands, à Berlin ou à Hambourg, qui sont gratuits en raison d'un accord passé entre l'AEFE et les *Länder* concernés. Encadrer l'augmentation des frais de scolarité revient souvent à demander, pour les établissements en gestion directe et les établissements conventionnés, que l'on y maintienne des professeurs français détachés par l'État, afin que l'établissement ait à rémunérer le moins possible d'enseignants sur son budget propre. Une expérience de gratuité pour les élèves français est expérimentée à la rentrée 2007-2008 à la suite de la promesse faite aux Français de l'étranger par le président nouvellement élu, Nicolas Sarkozy, pendant sa campagne. Pendant quatre ans, la mesure est appliquée progressivement aux classes de lycée (de la seconde à la terminale) mais pèse considérablement sur le budget de l'AEFE. En 2012, le gouvernement de gauche rétablit les frais de scolarité car le déficit de certains établissements s'est creusé[38]. Même s'ils ont souvent la capacité financière de payer la scolarité de leurs enfants ou qu'ils peuvent, lorsqu'ils sont expatriés, bénéficier d'une prise en charge par leur entreprise ou leur administration, les Français de l'étranger demeurent très attachés à la culture française de la gratuité et considèrent que l'État n'a pas à leur imposer un traitement différent.

Deux raisons motivent le choix des familles françaises de scolariser leurs enfants dans un établissement français, même payant. La première est l'attachement identitaire à la langue française. Sa

37. Samantha Cazebonne, «L'enseignement français à l'étranger», rapport cité, p. 66.

38. Entretien, DFEAC, ministère de l'Europe et des Affaires étrangères, Paris, 22 mai 2018.

maîtrise, notamment à l'écrit, reste une attente forte des parents, indépendamment de leur foi dans le cosmopolitisme et de leur désir de voir leurs enfants poursuivre des études supérieures ailleurs qu'en France après le baccalauréat. C'est ce qu'exprime assez bien cette mère d'élève du lycée Charles-de-Gaulle de Londres, épouse d'un financier qui a délocalisé sa société de Paris à Londres pour des raisons fiscales, par ailleurs présidente d'une association de parents d'élèves : « Si vous n'allez plus à l'école française, vous perdez vite la langue et votre identité française, ce qui est inacceptable. » Elle ajoute : « Mon fils aîné, qui parle anglais sans accent, a passé son bac à Charles-de-Gaulle et poursuit maintenant ses études supérieures à l'université d'Oxford Brookes »[39]. En 2018, 67 % des élèves français obtenant leur baccalauréat dans les établissements français de Londres poursuivaient leurs études à l'étranger, pour beaucoup dans des universités britanniques, mais aussi dans des établissements nord-américains comme l'université McGill à Montréal, ou l'université Columbia à New York. La langue française est donc une valeur patrimoniale qu'il convient de cultiver pour mieux affronter la mondialisation. Cette capacité à concilier identité culturelle et cosmopolitisme s'observe aussi de plus en plus dans les classes sociales aisées de l'Hexagone, notamment parisiennes, dont les enfants rejoignent les mêmes universités anglophones.

La seconde raison du choix d'un lycée français est l'attachement des familles françaises à la laïcité en matière d'éducation. L'adaptation de ce principe au contexte local, proposée parfois par des établissements français à l'étranger, notamment au Maghreb et au Moyen-Orient, peut créer quelques tensions. À Holon par exemple, le lycée franco-israélien Mikvé-Israël promeut la laïcité mais aussi, selon les propres mots de sa directrice, « les valeurs humanistes du judaïsme » dans la tradition de l'Alliance israélite universelle[40]. Chaque élève doit ainsi effectuer quatre-vingt-dix heures de bénévolat par an, un projet éducatif que certains parents français trouvent trop communautariste dès lors qu'il est en lien avec des associations confessionnelles.

---

39. Entretien, Londres, 4 octobre 2018.

40. Entretien, lycée franco-israélien Mikvé-Israël, Holon, 9 juin 2019.

Dans l'écosystème des établissements français, l'enseignement est assuré par des professeurs français, locaux ou d'une autre nationalité que celle du pays de résidence, qui n'ont pas tous le même statut. Ainsi, 10000 professeurs français sont détachés de l'Éducation nationale, sous contrat français d'expatrié ou de résident. Le premier contrat est plus favorable sur le plan financier, mais ne s'applique qu'à une petite catégorie de personnels regroupant les directeurs, les inspecteurs ou encore les enseignants-conseillers pédagogiques. Les résidents bénéficient d'un salaire d'enseignant français complété par une indemnité spécifique liée au coût de la vie locale, majorée d'un supplément par enfant à charge (appelé « avantage familial »), pour une période fixée à six ans maximum. La deuxième grande catégorie est celle des enseignants français et non français ayant un statut de droit local. Lorsque ceux-ci sont titulaires de l'Éducation nationale, ils perdent leur avancement dans le système français, sauf s'ils ont signé un contrat de détachement auprès d'établissements partenaires, comme ceux de la Mission laïque française.

C'est dans ce contexte de concurrence statutaire que se tissent au sein des établissements les relations entre professeurs, élèves et parents d'élèves. À l'exception des professeurs expatriés bien rémunérés, les professeurs résidents ou locaux sont souvent dotés d'un capital économique faible par rapport aux familles des élèves français dont ils ont la charge. Il existe bien entendu des variations selon les contextes. Vincent Hugoo montre ainsi que la différence est plus nette au lycée français de Francfort, fréquenté par des enfants de cadres français du privé, qu'au lycée de Berlin où sont scolarisés beaucoup d'enfants de familles franco-allemandes travaillant dans des professions intellectuelles ou artistiques, au capital culturel en revanche élevé[41]. Ce différentiel économique avec les familles crée parfois des conflits, surtout lorsque les professeurs revendiquent une « culture politique de gauche imprégnée du modèle de la lutte des classes[42] ». Deuxième source de conflit, les professeurs français issus de l'Éducation nationale sont convaincus d'exercer leur mission dans le cadre du service public, alors que les

41. Vincent Hugoo, *La Distinction à l'étranger*, thèse citée.

42. Entretien avec un conseiller des Français de l'étranger, Bruxelles, 2 février 2022.

parents français, qui paient des frais de scolarité, ont tendance à considérer l'établissement comme privé. Une responsable de parents d'élèves à Londres explique cette ambiguïté avec lucidité : « Les parents français veulent que l'État détache un maximum de professeurs français du public pour éviter l'augmentation trop rapide des frais de scolarité. Ils en appellent à la logique du service public. En revanche, ils voudraient en même temps que le proviseur puisse remercier du jour au lendemain un professeur qui ne ferait pas assez bien son travail comme on le ferait dans une école privée[43]. » Enfin, une dernière source de conflit est liée à la gouvernance même des écoles. À l'étranger plus qu'en France, les parents ont un droit d'intervention dans la marche de l'école, *a fortiori* dans les établissements à gestion parentale. Or de nombreux professeurs issus de l'Éducation nationale considèrent, dans la tradition française de l'État régalien, que les parents n'ont pas à s'immiscer dans une institution de service public. Finalement, il revient souvent aux directeurs des établissements de jouer les médiateurs entre ces deux référentiels, les professeurs n'hésitant pas à mobiliser leurs syndicats.

Un grand nombre de ces tensions entre professeurs et familles sont franco-françaises. Elles naissent du décalage entre une conception française de l'éducation qui limite l'intervention des parents et un mode de financement privé qui tend à conférer à ces derniers un pouvoir beaucoup plus important qu'en France. Elles renvoient également à un phénomène d'hybridation qui, en général, résulte de l'application de principes d'action propres à l'État français dans un contexte extraterritorial. Ce que nous avons observé dans le chapitre 4 à propos de la politique partisane peut l'être de la même manière pour la politique de l'éducation. Si l'État a l'ambition d'appliquer les mêmes politiques publiques à la diaspora et aux nationaux vivant à l'intérieur de ses frontières, il butera toujours sur le problème d'absence de territoire qui rend la symétrie impossible.

Le diplomate et l'école

Le réseau de l'enseignement français à l'étranger est géré par l'AEFE, sous la tutelle du ministère de l'Europe et des Affaires

43. Entretien, ambassade de France, Londres, 4 octobre 2018.

étrangères. La gouvernance de cette agence reflète son lien institutionnel avec le Quai d'Orsay. Depuis sa création en 1990, ses directeurs généraux sont – à deux exceptions près – désignés parmi les cadres de la diplomatie française. Anne-Marie Descôtes, directrice générale de 2008 à 2013, a occupé le poste le plus élevé au sein du ministère, celui de secrétaire générale. De même, les présidents du conseil d'administration de l'agence sont souvent des diplomates. Le budget annuel de l'AEFE d'environ 450 millions d'euros est alimenté par deux programmes d'État : le programme 185 relatif à la diplomatie culturelle et d'influence et le programme 151 qui concerne spécifiquement les Français de l'étranger et les affaires consulaires.

L'implication pour l'école de ceux qu'Andrew Cooper et Jérémie Cornut nomment les « diplomates de la ligne de front[44] », les ambassadeurs, consuls, conseillers culturels et parfois conseillers pour les affaires scolaires qui travaillent au quotidien sur le terrain, est forte. L'enseignement est un sujet sensible pour une ambassade ou un consulat, car il suscite une forte charge émotionnelle chez les membres de la diaspora, mais aussi chez les élites locales qui souhaitent que leurs enfants suivent une scolarité française. L'interlocuteur de l'ambassadeur ou du consul au sein des établissements est le proviseur et/ou le directeur. Ces personnels expatriés détachés de l'Éducation nationale se trouvent immergés de fait dans la diplomatie, sans en avoir l'expérience préalable. Vers eux convergent les revendications des professeurs, des parents d'élèves mais aussi de l'État de résidence, qui parfois cofinance les écoles. C'est le cas en Allemagne avec les lycées franco-allemands, dont la double administration, avec un proviseur français et un directeur allemand, nécessite de se tenir constamment informé des politiques budgétaires des *Länder*[45]. En 2023, le proviseur du lycée Charles-de-Gaulle à Londres est également confronté à une mauvaise évaluation de son établissement par le service britannique de l'éducation, au motif qu'il ne protégerait pas assez les élèves qu'il reçoit. Compte tenu de l'influence de la diaspora française de Londres, c'est

---

44. Andrew F. Cooper et Jérémie Cornut, « The Changing Practices of Frontline Diplomacy. New Directions for Inquiry », *Review of International Studies*, 45 (2), 2018, p. 300-319.
45. Entretien avec Frédéric Kriegel, proviseur du lycée Voltaire, Berlin, 6 juillet 2021.

évidemment un événement politique que le proviseur doit partager avec l'ambassade, sur fond de relation bilatérale distendue entre la France et le Royaume-Uni depuis le Brexit[46].

Pour le « diplomate de la ligne de front », l'école française est un outil à double usage : elle doit servir l'action diplomatique dans le pays de résidence en attirant les élites locales et en diffusant la culture française (la diplomatie d'influence[47]), mais elle doit aussi répondre aux attentes spécifiques de la diaspora (la diplomatie consulaire et la diplomatie de diaspora). Selon le contexte local, le diplomate valorise l'une ou l'autre pratique. À Londres, il est clair que les établissements français constituent un enjeu politique eu égard à l'imposante et influente diaspora. À l'inverse, au Maroc, qui recense le plus grand nombre d'élèves locaux scolarisés dans les établissements français, l'ambassadeur de France doit s'attacher à faire du lycée un élément clé de la diplomatie d'influence[48]. Il peut dans ce cadre être sollicité directement par les élites locales qui souhaitent obtenir des passe-droits pour l'inscription de leurs enfants dans les établissements français. Ce type d'interférences n'est d'ailleurs en rien propre au Maroc. En Algérie, l'ambassadeur de France est aussi régulièrement saisi par les membres du gouvernement et de la haute administration du pays qui, tout en dénonçant le néocolonialisme de la France, se démènent pour que leurs enfants trouvent une place au lycée Alexandre-Dumas, l'unique établissement français d'Alger[49].

Les Français de l'étranger sont capables de se constituer en puissant groupe d'intérêt pour obtenir de l'ambassade un effectif satisfaisant de professeurs ou le gel des frais de scolarité. Les conseillers et les sénateurs des Français de l'étranger peuvent leur prêter concours en relayant ce lobbying auprès de l'AEFE, du Quai d'Orsay, voire de la présidence de la République. La question scolaire donne lieu à une intense correspondance entre les Français de l'étranger et le pouvoir politique, comme le révèle la consultation

---

46. France TV Info, 2 mars 2023.

47. Frédéric Charillon, *Guerres d'influence. Les États à la conquête des esprits*, Paris, Odile Jacob, 2022.

48. Sur la différence entre Londres et Rabat, voir Sylvain Beck, « Concurrence mondiale et conflits diplomatiques autour de l'offre d'éducation », art. cité.

49. Entretien avec un ancien ambassadeur de France en Algérie, Paris, 7 novembre 2022.

des archives du Quai d'Orsay. Voici deux exemples de sollicitation épistolaire. Le 28 janvier 2008, Nicolas Sarkozy est destinataire d'un courrier d'un membre influent de la diaspora de Londres, F. G. Marx, qui lui fait part de la nécessité de lever des fonds privés pour construire un nouveau lycée dans la capitale britannique (le projet se fera)[50]. Le 24 novembre 2008, Sophie Hilbig, représentante de l'école élémentaire du lycée Jean-Renoir de Munich, écrit à Nicolas Sarkozy pour dénoncer l'augmentation que font peser les nouvelles mesures de gratuité pour les élèves de terminale sur les frais de scolarité des élèves des petites classes[51]. La relation entre la diplomatie et les parents n'est pas toujours conflictuelle, elle peut aussi être coopérative compte tenu de l'implication des parents dans la gouvernance de l'école. Face au manque de places au lycée Charles-de-Gaulle, la conseillère culturelle à Londres, Laurence Auer, lance en 2007, avec des parents d'élèves socialement influents, un «plan école» qui consiste à réunir des fonds privés sous la forme de trusts de droit anglais pour construire de nouveaux établissements dans la capitale (nous reviendrons sur cet épisode dans le chapitre 7)[52].

Enfin, l'école française révèle la dimension protectrice de la diplomatie consulaire, qui peut fournir une aide aux familles françaises rencontrant des difficultés pour s'acquitter des frais de scolarité. Tout élève français[53] fréquentant un établissement homologué par l'AEFE peut en effet prétendre à une bourse si la famille remplit un certain nombre de critères sociaux, et ce, sans obligation pour les parents de payer leurs impôts en France. La subvention s'échelonne de 5 % à 100 % du montant des frais de scolarité, pour une somme totale des bourses allouées très élevée, puisqu'elle atteint en 2021 quelque 115 millions d'euros. Ce sont 24 864 élèves sur 119 371 qui en sont bénéficiaires, soit 20,83 %

50. Archives du Quai d'Orsay, La Courneuve.

51. *Ibid.*

52. Christian Lequesne, «La diaspora française de Londres à l'heure du Brexit», art. cité, p. 16.

53. Notons une exception à la nationalité, en 2020, qui a amené le gouvernement français à attribuer un montant d'aides particulières aux élèves libanais du réseau AEFE à la suite de l'explosion dans le port de Beyrouth.

de la population scolaire française à l'étranger[54]. Ce chiffre permet d'emblée de relativiser l'image du Français de l'étranger qui ne peut être qu'un expatrié nanti ou un exilé fiscal. L'Afrique est la zone la plus concernée, puisque les établissements français y accueillent en 2021 33 % de l'ensemble des boursiers, suivie par l'Europe où ils sont près de 20 %. Pour l'année scolaire 2018-2019, le consulat général de France à Abidjan accorde des bourses à 871 élèves scolarisés dans 11 établissements, ce qui correspond à 502 familles[55] : au lycée Maurice-Delafosse, que fréquentent un grand nombre d'élèves franco-ivoiriens mais aussi franco-libanais issus de la classe moyenne, 70 des 200 élèves sont boursiers[56] ; ils sont, au lycée Blaise-Pascal, 225 sur 2 600. Le proviseur adjoint de ce lycée commente : « Outre les binationaux, nous avons aussi parmi les boursiers des enfants de familles françaises installées depuis longtemps en Côte-d'Ivoire dont les affaires ne vont pas très bien[57]. » Au lycée français de Djibouti, les boursiers comptent des enfants franco-djiboutiens nés d'une mère djiboutienne et d'un père militaire français, reparti en France et qui n'entretient pas de relation suivie avec la famille[58]. Le nombre de bourses est également important aux États-Unis en raison du coût élevé de la scolarité dans les établissements. En 2022, le poste consulaire de San Francisco octroie 2 millions d'euros de bourses à des familles françaises[59]. L'enquête de terrain, quel que soit le continent, met en lumière plusieurs facteurs qui favorisent un tel recours financier : la binationalité, la monoparentalité et la faillite de l'entreprise familiale.

Les demandes de bourses sont examinées localement par les conseillers des Français de l'étranger, dont l'assemblée est présidée depuis 2021 par un élu consulaire. Les réunions des commissions d'attribution sont en général très suivies, les conseillers ayant à

---

54. Ministère de l'Europe et des Affaires étrangères, « Rapport 2022 du gouvernement sur la situation des Français établis hors de France », rapport cité, p. 114-115.

55. Consulat général de France à Abidjan, « Rapport d'activités consulaires, année 2018 », communiqué à l'auteur.

56. Entretien, lycée Maurice-Delafosse, Abidjan, 31 octobre 2019.

57. Entretien, lycée Blaise-Pascal, Abidjan, 28 octobre 2019.

58. Entretien avec un conseiller des Français de l'étranger de Djibouti, 15 juillet 2021 (par zoom).

59. Entretien, consulat général de France à San Francisco, 18 avril 2023 (par zoom).

cœur d'y rendre compte des situations des familiales requérantes. Pour l'administration consulaire qui effectue le travail d'instruction, le calcul des revenus réels des familles, et notamment la prise en compte des biens immobiliers, peut poser un problème. Les consuls diligentent parfois des visites consulaires dans les familles pour évaluer leur situation économique. C'est une source de tension avec les conseillers des Français de l'étranger qui reprochent aux consuls d'appliquer une procédure administrative trop formelle. Un conseiller des Français de l'étranger au Vietnam le souligne : « Je reproche au consul son approche bureaucratique et procédurière des dossiers, en particulier sur la question des bourses scolaires qui nécessite de bien connaître la situation sociale des demandeurs et non de s'assurer seulement que les bonnes pièces administratives ont été réunies[60]. » De leur côté, les consuls soupçonnent parfois les élus consulaires de clientélisme. L'avis des commissions locales n'est jamais définitif, puisque la décision finale dépend d'une commission nationale réunie à Paris. Dans la plupart des cas, les avis des élus consulaires sont suivis, mais il arrive que certains dossiers soient invalidés. Ne pas être décisionnaire en dernière instance alimente la tension entre élus et administration consulaires, déjà décrite dans le chapitre 3. Ce conseiller des Français de l'étranger aux États-Unis la résume ainsi : « C'est la seule fonction où un élu au suffrage universel voit ses décisions retoquées par l'administration sans motivation[61]. »

L'attribution des bourses scolaires met en évidence, une fois de plus, le rôle protecteur de l'État français à l'égard de sa diaspora. Si les consuls sont formés aux tâches administratives liées à la diplomatie consulaire, ils ne développent pas de réelle politique destinée à mobiliser les anciens des établissements scolaires (ou alumni) pour promouvoir la France, alors que beaucoup affichent des carrières à succès. L'exemple de l'enseignement français à l'étranger montre parfaitement que la diplomatie française sait mener une diplomatie consulaire, mais encore peu une diplomatie de diaspora, malgré les recommandations du rapport Cazebonne

60. Entretien avec un conseiller des Français de l'étranger du Vietnam, 16 juillet 2021 (par zoom).

61. Entretien avec un conseiller des Français de l'étranger des États-Unis, 19 juillet 2021 (par téléphone).

de 2019 sur le parrainage des établissements par des anciens[62] ou sur la création d'une association des anciens des lycées français du monde[63].

L'école française à l'étranger est née en dehors du giron d'un État qui en a récupéré la tutelle. Elle n'est pas à l'origine destinée aux Français de l'étranger, mais le devient sans que ces derniers n'y soient jamais majoritaires. La diaspora impose aux établissements français des contraintes spécifiques en cherchant le plus possible à calquer leur fonctionnement sur celui des institutions scolaires en France. Le diplomate est conscient que l'école n'appartient pas uniquement aux Français de l'étranger et le rappelle. Il passe pourtant un temps important à administrer les enfants français au nom de l'égalité devant le service public, et l'octroi de bourses par l'administration consulaire (et donc par l'État) en est de ce point de vue une illustration parfaite. En revanche, si le diplomate français administre les institutions françaises, il s'applique peu à mettre en valeur leur image.

---

62. Samantha Cazebonne, « L'enseignement français à l'étranger », rapport cité, p. 157.

63. « Ahmed Mernissi, nouveau président d'Union-ALFM, l'association des anciens des lycées français du monde » (www.aefe.fr/vie-du-reseau/toute-lactualite/).

Chapitre 6

La projection extraterritoriale de l'État providence

Les trente dernières années ont vu fleurir de nombreux travaux sur le tournant néolibéral des politiques publiques dans les États occidentaux. Nous l'avons déjà souligné, les études diplomatiques n'ont pas échappé à la réflexion sur l'impact de ce phénomène sur la relation entre les États et leur diaspora. En s'appuyant sur le concept de gouvernementalité emprunté à Michel Foucault, Francesco Ragazzi ou encore Alexei Tsinovoi et Rebecca Adler-Nissen[1] cherchent à montrer que les États ont progressivement réduit l'objectif d'une diplomatie protectrice à l'égard des ressortissants, comme le prévoit l'article 5 de la convention de Vienne sur les relations consulaires, pour les considérer davantage comme des « forces productives qu'il convient de mobiliser pour défendre des objectifs gouvernementaux[2] » à l'étranger. Si ces études sont stimulantes d'un point de vue théorique, leur prétention à la généralisation est problématique. Ce chapitre montre en effet que l'État providence français a assez largement résisté au référentiel

1. Francesco Ragazzi, « Governing Diasporas », art. cité ; Alexei Tsinovoi et Rebecca Adler-Nissen, « Inversion of the "Duty of Care" », art. cité.

2. Alexei Tsinovoi et Rebecca Adler-Nissen, « Inversion of the "Duty of Care" », art. cité, p. 231.

néolibéral et qu'il protège encore sa diaspora, comme l'ont montré d'ailleurs des travaux plus généraux de sociologie politique à propos des politiques publiques[3].

Ce chapitre commence par analyser les ressources d'une diplomatie consulaire de la France qui pratique la distribution d'aides sociales. Il scrute ensuite la manière dont les élus des Français de l'étranger se mobilisent politiquement, afin que cette mission perdure. Il explique enfin pourquoi les initiatives privées de solidarité émanant de la diaspora permettent d'accréditer le modèle d'un transnationalisme qui opère « à travers » l'État.

La diplomatie consulaire distributive

Nous l'avons vu dans le chapitre précédent, l'État français accorde chaque année plus de 100 millions d'euros de bourses scolaires aux élèves qui fréquentent les établissements français à l'étranger. La seule condition d'attribution est, outre le respect de critères sociaux, la possession de la nationalité française. Il en va de même pour le versement des allocations sociales, la mission de l'État providence s'étendant à la diaspora depuis un siècle. Dès le lendemain de la première guerre mondiale en effet, l'État français décide, après d'intenses débats, de prendre en charge les enfants des Français de l'étranger morts au combat, en les intégrant dans la catégorie des pupilles de la nation. Il s'agit, écrit Marie-Christine Peltier-Charrier, de « la première manifestation de cet État social[4] » déterritorialisé.

La protection sociale apportée à la diaspora française n'a pas vraiment d'équivalent dans le monde occidental. Sa caractéristique est de ne pas reposer uniquement sur un État régulateur, comme le Mexique qui veille à ce que ses nationaux aux États-Unis bénéficient de contrats de travail légaux[5]. On est, en France, loin, très loin même, de l'émigrant qui serait devenu le « client » d'un État néolibéral. Les données budgétaires récentes l'attestent[6]. Le

3. Kevin Brookes, *Why Neo-Liberalism Failed in France. Political Sociology of the Spread of Neo-Liberal Ideas in France*, Basingstoke, Palgrave Macmillan, 2021.

4. Marie-Christine Peltier-Charrier, *Les Français de l'étranger comme catégorie politique*, thèse citée, p. 78.

5. Alexandra Délano Alonso, *From Here and There*, *op. cit.*

6. Les données sont issues du ministère de l'Europe et des Affaires étrangères, « Rapport 2022 du gouvernement sur la situation des Français établis hors de France », rapport cité, p. 60-80.

dispositif des aides sociales, qui porte certes sur des montants moins élevés que les bourses, représente tout de même, dans la décennie 2010, 15 millions d'euros par an imputés au budget du ministère de l'Europe et des Affaires étrangères[7]. Avec la crise de la Covid-19, la dotation atteint des montants exceptionnels : 19 millions d'euros en 2020, puis 31 millions d'euros en 2021. Cette même année, les prestations régulières d'un montant de 15,3 millions d'euros sont versées à 4 153 personnes (1 889 sont bénéficiaires des allocations de solidarité en faveur des personnes âgées, 1 027 des allocations pour les adultes handicapés, 596 des allocations pour les enfants handicapés, 40 des allocations à durée déterminée, 496 des secours mensuels spécifiques pour les enfants et, enfin, 105 des prestations d'assistance consulaire). S'ajoutent les secours exceptionnels Covid pour un montant de 13 millions d'euros. Enfin, le Quai d'Orsay accorde 900 000 euros de subventions au tissu associatif à l'étranger, 393 000 euros aux organismes locaux d'entraide et 293 000 euros au fonctionnement des centres médico-sociaux français situés essentiellement en Afrique. Par ailleurs, si les Français de l'étranger ne bénéficient pas de la sécurité sociale au même titre que leurs concitoyens vivant sur le territoire national, ils peuvent cotiser à un organisme privé de protection sociale créé en 1978, qui prend en charge la maladie, les accidents du travail et l'assurance vieillesse, la Caisse des Français de l'étranger (CFE). Selon son règlement, les membres de la diaspora ayant des revenus modestes bénéficient d'une cotisation minorée compensée par le budget de l'État. La « catégorie aidée » compte en 2021 un total de 2 156 bénéficiaires soutenus à hauteur de 3,9 millions d'euros. Enfin, la même année, l'État consacre 847 000 euros au rapatriement consulaire des citoyens français en difficulté : il s'agit pour l'essentiel de personnes en situation de précarité ou atteintes de troubles psychologiques. Une convention entre le Quai d'Orsay et le SAMU organise leur prise en charge dans des établissements hospitaliers en France[8]. On le mesure à travers ces chiffres, la diplomatie consulaire reflète la nature profonde de l'État qui la déploie.

7. Voir la partie consacrée à la protection et à l'action sociale dans les rapports annuels du ministère de l'Europe et des Affaires étrangères sur la situation des Français établis hors de France.

8. Entretien, DFEAC, ministère de l'Europe et des Affaires étrangères, Paris, 22 mai 2018.

Si certains dispositifs ont été progressivement supprimés, comme le financement du soutien à l'emploi et à la formation professionnelle en 2015, le modèle français reste fondamentalement celui d'un État providence, qui destine 58,2 % de son produit intérieur brut aux dépenses publiques, y compris pour ses émigrés.

La répartition géographique des bénéficiaires de la protection sociale est révélatrice des choix politiques de la France. Le graphique 1 montre en effet une diplomatie consulaire distributive qui s'adresse en priorité aux citoyens français des anciennes colonies.

Graphique 1 – Répartition géographique des bénéficiaires des aides sociales 2022 (en %)

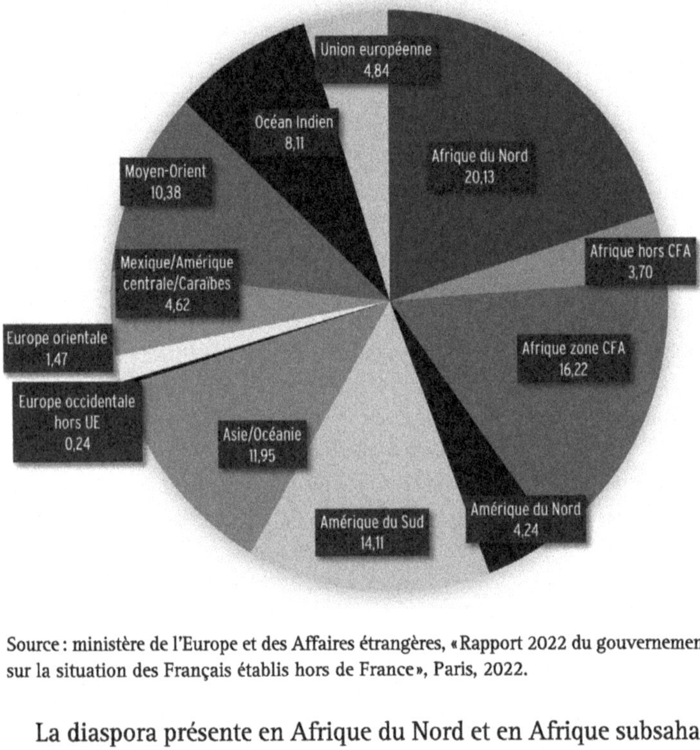

Source : ministère de l'Europe et des Affaires étrangères, « Rapport 2022 du gouvernement sur la situation des Français établis hors de France », Paris, 2022.

La diaspora présente en Afrique du Nord et en Afrique subsaharienne est destinataire de 36,35 % des allocations sociales accordées en 2022 par le ministère de l'Europe et des Affaires étrangères. Si l'on y ajoute le Moyen-Orient, qui est largement représenté par le

Liban, ancien territoire sous mandat français, on atteint 46,73 % des aides, soit quasiment la moitié du montant total. En 2022, les cinq postes consulaires les plus concernés par la distribution des aides sont Beyrouth au Liban, Dakar au Sénégal, Tunis en Tunisie, Casablanca au Maroc et Tananarive à Madagascar. Tous ces pays comptent un taux élevé de binationaux, qui sont le plus souvent des personnes ayant vécu en France avant de revenir dans leur pays d'origine, ou leurs descendants. La diplomatie consulaire aide les citoyens français résidant dans des pays à faible revenu et dépourvus d'un système performant de sécurité sociale. Elle s'inscrit en cela dans le cadre d'une administration postcoloniale qui cherche à compenser le déficit de protection des citoyens français des anciennes colonies par rapport au territoire national. En 2018, le consulat général à Abidjan délivre 45 allocations de solidarité pour des personnes âgées, 29 pour des adultes handicapés et 15 pour des enfants handicapés. Il enregistre, par ailleurs, 146 demandes de secours occasionnels qui donnent lieu à 78 accords[9]. Le consul adjoint précise en 2019 que « l'aide solidarité pour une personne âgée est de 550 euros par mois[10] », ce qui correspond à quatre fois le salaire moyen mensuel ivoirien qui est de 125 euros. On mesure dès lors l'importance de ces aides sociales pour certains citoyens français vivant en Afrique. Notre enquête montre toutefois que les aides peuvent également concerner des « mono-nationaux », retraités ou propriétaires de petites entreprises ou de commerces générant de faibles revenus. Un conseiller des Français de l'étranger, élu de Djibouti, évoque ces « Français qui ont une société de droit local type PME et TPE travaillant sur le port, qui doivent être aidés par le consulat, parce que la Covid-19 les a privés de leur chiffre d'affaires, et donc d'un salaire pour eux et leurs employés français[11] ». Une fois de plus, on est loin de la figure de l'expatrié prospère qui dispose non seulement d'un salaire confortable, mais aussi d'un appartement et des frais de scolarité de ses enfants payés par une entreprise, et plus loin encore de l'exilé fiscal.

9. Chiffres fournis à l'auteur par le consulat général de France à Abidjan, octobre 2019.

10. Entretien, consulat général de France, Abidjan, 28 octobre 2019.

11. Entretien avec un conseiller pour les Français de l'étranger de Djibouti, 15 juillet 2021 (par zoom).

Les personnes âgées, et en particulier les femmes, constituent une deuxième catégorie de bénéficiaires, ciblée par la diplomatie consulaire distributive. Présents un peu partout dans le monde, ce sont des Français âgés vulnérables, qui se sont souvent peu souciés de protection sociale au cours de leur vie professionnelle. En 2017, le consulat de Tokyo n'accordait d'allocations sociales qu'à deux retraités[12]. Un conseiller des Français de l'étranger évoque le cas de « ce professeur de français qui a enchaîné les contrats précaires ne donnant pas naissance à des droits à la retraite et qui se retrouve à Tokyo sans pension[13] ». À Londres, ville qui accueille une diaspora souvent bien intégrée socialement, les aides concernent aussi en priorité des personnes âgées. À tous ces Français âgés, qui ont quitté depuis des décennies le territoire national et ont parfois mené leur vie sans trop penser au lendemain, la diplomatie consulaire vient rappeler la solidarité de leur État d'origine. Rien de néolibéral donc dans cette gouvernance publique qui n'exige pas de l'émigré qu'il assume seul le risque d'une vie à l'étranger. La redistribution sociale de l'État français ne connaît pas de barrière territoriale.

Jean-Michel Lafleur et Daniela Vintila ont montré que l'Union européenne « a contribué à déterritorialiser les systèmes de protection sociale », en faisant bénéficier les citoyens européens installés dans un autre État membre des mêmes droits que les nationaux, mais en permettant aussi aux touristes de voir leurs soins de santé pris en charge grâce à des accords de réciprocité entre systèmes nationaux de sécurité sociale[14]. Au sein de l'Union européenne, les consulats de France n'accordent en principe pas de prestations sociales, puisque l'État de résidence est censé le faire à titre subsidiaire. Si la protection est cependant moins généreuse qu'en France, certaines aides peuvent être maintenues à titre exceptionnel (en mai 2018, 250 citoyens bénéficiaient ainsi d'une telle dérogation[15]). Il s'agit surtout d'allocations pour adulte handicapé

---

12. Entretien, consulat général de France à Tokyo, 13 juillet 2017 (par téléphone).
13. Entretien avec un conseiller des Français de l'étranger, Tokyo, 19 juillet 2017.
14. Jean-Michel Lafleur et Daniela Vintila, « Do EU Member States Care about their Diasporas' Access to Social Protection ? A Comparison of Consular and Diplomatic Policies accross EU », dans Jean-Michel Lafleur et Daniela Vintila, *Migration and Social Protection in Europe and Beyond*, *op. cit.*, p. 9.
15. Entretien, DFEAC, ministère de l'Europe et des Affaires étrangères, Paris, 22 mai 2018.

et enfant handicapé, comme le confirment les entretiens avec le consul de France à Berlin et le consul de France à Bucarest[16]. L'européanisation de la protection sociale n'a donc pas conduit l'État français à renoncer complètement à la protection des expatriés au sein de l'Union européenne. Ce choix est très révélateur du lien que l'État veut entretenir avec sa diaspora. Dans un précédent livre, j'observais qu'en 2015, le consulat de France à Varsovie accordait 145 000 euros d'allocations sociales aux Français de Pologne, hors bourses scolaires. Parmi les bénéficiaires de ces aides figuraient des binationaux, dont les parents avaient émigré en France avant la seconde guerre mondiale comme ouvriers ou mineurs, puis étaient revenus en Pologne en 1946-1948, répondant à l'appel des autorités communistes pour reconstruire et repeupler le pays. La ville de Wałbrzych, en Basse-Silésie, comptait ainsi 412 citoyens français, parmi lesquels beaucoup ne maîtrisaient plus le français, qui bénéficiaient de certaines allocations sociales[17].

Les critiques à l'encontre de la générosité de l'État émises par la Cour des comptes, rare institution pouvant incarner le référentiel néolibéral dans le système français, ne conduisent aucun gouvernement à supprimer les allocations sociales destinées aux Français de l'étranger[18]. À l'inverse, les aides ont substantiellement augmenté lors de la crise de la Covid-19. Pour bien comprendre le positionnement de l'État, il est indispensable de prendre en compte un deuxième élément : la mobilisation politique des élus des Français de l'étranger.

La mobilisation politique des élus

Dans leur majorité, les élus des Français de l'étranger se prononcent en faveur d'une diplomatie consulaire solidaire. La représentation parlementaire spécifique explique en grande partie cette mobilisation. Il n'y a, pour s'en convaincre, qu'à consulter les nombreux rapports et prises de position sur le sujet émis par

16. Entretien, consulat de France, Berlin, 10 juin 2021 ; entretien, consulat de France, Bucarest, 30 mars 2022.

17. Christian Lequesne, *Ethnographie du Quai d'Orsay*, *op. cit.*, p. 124.

18. Cour des comptes, « L'évolution des missions et de l'organisation des consulats français à l'étranger », communication citée.

les sénateurs et députés des Français de l'étranger, de gauche comme de droite. En 1999, Monique Cerisier-ben Guiga, sénatrice socialiste des Français de l'étranger, remet au Premier ministre Lionel Jospin un rapport complet sur l'exclusion sociale dans les communautés françaises à l'étranger, qui est rendu public. Elle y souligne l'importance d'aider les Français en difficulté, notamment les jeunes en situation d'« expatriation-rupture familiale » ou encore les « expatriations-fuite » vers les destinations dites « exotiques » (Afrique, Asie, mais aussi Londres) qui mènent à la précarité[19]. Plus récemment, Jean-Yves Leconte, sénateur socialiste, et Anne Genetet, députée LREM-Renaissance, portent au Sénat une proposition de loi relative à la réforme de la Caisse des Français de l'étranger[20]. On doit à Damien Regnard, sénateur Les Républicains, un projet de loi en 2020 pour une meilleure prise en charge des Français de l'étranger souffrant de handicap[21]. C'est enfin à Ronan Le Gleut, sénateur Les Républicains, que revient le dépôt, en 2020, d'une proposition de loi sur la création d'un fonds d'urgence pour les Français de l'étranger victimes de catastrophes naturelles et d'événements politiques majeurs[22]. Si cette dernière loi n'est pas adoptée par l'Assemblée nationale, les débats qui l'entourent conduisent le ministère de l'Europe et des Affaires étrangères à débloquer une dotation budgétaire exceptionnelle pour aider les Français de l'étranger confrontés à la crise de la Covid-19. De manière récurrente, les députés et les sénateurs se mobilisent pour exiger que les Français de la diaspora soient traités de la même manière que leurs compatriotes de France. Dans son rapport de 2018 sur la réforme de la CFE, la députée Anne Genetet écrit dans

19. Monique Cerisier-ben Guiga, *L'Exclusion sociale dans les communautés françaises à l'étranger. Rapport au Premier ministre*, Paris, La Documentation Française, 1999.

20. Sénat, *Proposition de loi sur la réforme de la Caisse des Français de l'étranger*, n° 553, Jean-Yves Leconte et plusieurs autres collègues (sénateurs), 2015 ; Assemblée nationale, *Rapport fait au nom de la commission des affaires sociales sur la proposition de loi, adoptée par le Sénat, relative à la réforme de la Caisse des Français de l'étranger*, n° 1459, Anne Genetet (députée), 4 décembre 2018.

21. Sénat, *Proposition de loi visant à renforcer les droits des personnes en situation de handicap de nationalité française résidant hors de France*, n° 181, Damien Regnard (sénateur), 3 décembre 2020.

22. Sénat, *Proposition de loi portant création d'un fonds d'urgence pour les Français de l'étranger victimes de catastrophes naturelles ou d'événements politiques majeurs*, n° 312, Ronan Le Gleut et autres collègues (sénateurs), 10 février 2020.

l'avant-propos : « La garantie d'une protection sociale de chaque Français, posée par le Préambule de la Constitution de 1946, ne connaît ni frontière ni rupture. Qu'il s'éloigne pour un jour ou pour une vie, tout Français peut bénéficier d'une prise en charge continue et solidaire des risques sociaux[23]. » Cette conception égalitariste de la citoyenneté est un point d'appui idéologique qui permet de fonder la légitimité de la protection sociale en faveur de la diaspora.

Les élus consulaires s'engagent également sur les scènes locales extraterritoriales, c'est-à-dire dans les circonscriptions consulaires. Si les demandes d'allocations sociales sont en effet instruites par l'administration consulaire, avec une validation centralisée de la DFEAC à Paris, un Conseil consulaire pour la protection et l'action sociale (CCPAS) créé en 2013 rend un avis dans chaque poste diplomatique. Depuis 2021, l'instance n'est plus présidée par le consul mais par un président désigné pour trois ans. Les conseillers consulaires y siègent, délibèrent sur les demandes et peuvent consigner un désaccord au procès-verbal. Cette participation, qui personnalise le traitement des dossiers, politise la décision en la faisant sortir du cadre strict des procédures administratives. Ce conseiller des Français de l'étranger de Hô Chi Minh-Ville, membre de l'AFE, l'explique ainsi : « Nous sommes là pour veiller à ce qu'il y ait une enquête sociale plus fine auprès des demandeurs, car nous connaissons les membres de notre communauté[24]. » Les consuls n'hésitent pas à opposer des éléments procéduraux aux interventions des conseillers des Français de l'étranger, notamment en ce qui concerne les revenus des demandeurs.

Si le clivage entre la gauche et la droite introduit peu de différence dans la mobilisation des parlementaires, il agit davantage dans la pratique des élus consulaires à l'échelon local. Le maintien d'allocations sociales généreuses est au cœur du programme des élus de gauche et de l'ALFM. Jackie Bertho Andoh-Allé, présidente de la section ADFE d'Abidjan, le reconnaît : « Nous veillons

---

23. Assemblée nationale, Anne Genetet, *Rapport fait sur la proposition de loi relative à la réforme de la Caisse des Français de l'étranger*, rapport cité, p. 7.

24. Entretien avec un conseiller des Français de l'étranger à Hô Chi Minh-Ville, 16 juillet 2021 (par zoom).

particulièrement à la question de la protection sociale[25]. » L'électorat qui accorde ses voix aux candidats de gauche lors des élections consulaires attend de ces derniers qu'ils se mobilisent en faveur des aides sociales au sein des CCPAS. C'est particulièrement vrai en Afrique du Nord et en Afrique subsaharienne, où l'action consulaire peut créer une réelle différence en termes de revenus.

L'existence de cette gouvernance diasporique, composée à la fois de diplomates et d'élus, que Jean-Michel Lafleur et Daniela Vintila appellent « l'infrastructure diasporique », contribue grandement à la pérennisation de la diplomatie consulaire distributive[26]. Si les élus ne sont jamais maîtres des dotations budgétaires, ils veillent en revanche à ne pas laisser l'administration consulaire agir seule. Là encore, les diplomates français peuvent considérer ces formes de mobilisation politique comme une atteinte au monopole régalien de la diplomatie. C'est la raison pour laquelle l'administration du Quai d'Orsay cherche parfois à manifester son pouvoir en invalidant certains projets au sein de la commission centrale qui se tient à Paris. Rien ne contrarie plus les élus consulaires que ce refus de suivre les décisions prises au niveau local. En s'écartant trop des avis, les diplomates courent toutefois un risque : celui d'alimenter les contestations des parlementaires, des élus consulaires, des associations de Français de l'étranger et des sections extraterritoriales des partis politiques.

Le transnationalisme au travers de l'État

Une généralisation émise sur « l'au-delà des frontières », sans véritable test empirique[27], consiste à affirmer que les sociétés auraient définitivement pris leur revanche sur les États et que les relations internationales se résumeraient désormais à de l'inter-social. L'étude des pratiques d'acteurs ne peut que nous prémunir d'une telle assertion hâtive. Elle démontre que cette thèse est sans réalité politique en France en raison de la nature et de l'historicité

---

25. Entretien avec Jackie Bertho Andoh-Allé, présidente de la section Côte-d'Ivoire de l'ADFE, Abidjan, 29 octobre 2019.

26. Jean-Michel Lafleur et Daniela Vintila, *Migration and Social Protection in Europe and Beyond*, *op. cit.*, p. 20.

27. Iver B. Neumann, « Returning Practice to the Linguistic Turn. The Case of Diplomacy », *Millennium*, 31 (3), 2002, p. 627-651.

de l'État. En même temps, il ne s'agit pas de nier le transnationalisme qui voit les acteurs non étatiques tisser des liens au-delà des frontières de l'État-nation[28].

Il n'est guère étonnant que les analystes de ce phénomène témoignent d'un intérêt marqué pour les diasporas, acteurs non étatiques par excellence qui déploient leur capacité à agir (on dirait en anglais leur *actorness*) sans s'appuyer nécessairement sur l'État, quand bien même leur objectif premier est le plus souvent d'entretenir la relation avec leur État d'origine, voire d'en créer une lorsqu'elle n'existe pas. Comme le décrivent Elaine L.-E. Ho et Fiona McConnell dans leur modèle de la diplomatie «par» les diasporas, celles-ci valorisent «les multiples acteurs et audiences dans leur capacité à produire elles-mêmes un assemblage de relations et d'interactions[29]». Cette lecture rejoint celle de la «gouvernementalité» néolibérale, telle que la développent Francesco Ragazzi et d'autres, en ce qu'elle décrit des formes d'auto-gouvernance non seulement acceptées, mais encouragées par les États[30].

Dans le cas de la France, la diplomatie consulaire distributive n'exclut pas de telles pratiques diasporiques. Il existe un tissu de sociétés de bienfaisance, d'associations caritatives et d'OLES qui, sous un statut de droit local, apportent une protection sociale directe aux Français dans le besoin, souvent par le biais de prêts qui se transforment en dons, puisqu'ils sont rarement remboursés. La présidente de l'Association française de bienfaisance en Côte-d'Ivoire (AFBCI) désigne ainsi les membres de la diaspora prioritaires en matière de prêts : les mères célibataires, les personnes âgées et les personnes malades. Elle indique également que «l'association de bienfaisance a récemment prêté 800000 francs CFA (1 220 euros) à un Français qui n'avait pas perçu sa retraite en raison de retards administratifs» et qu'un concert du groupe de musique ivoirien Magic System, organisé à la résidence de l'ambassadeur de France à l'initiative de l'association, a permis de réunir 15 millions de

28. Miriam Tedeschi, Ekaterina Vorobeva, Jussi S. Jauhiainen, «Transnationalism. Current Debates and New Perspectives», *GeoJournal*, 87, 2022, p. 603-619.

29. Elaine L.-E. Ho et Fiona McConnell, «Conceptualizing "Diaspora Diplomacy"», art. cité, p. 237.

30. Francesco Ragazzi, «Governing Diasporas», art. cité.

francs CFA (22 800 euros) redistribués au titre de l'aide sociale[31]. À Tokyo, l'OLES fédère 20 associations françaises locales. Dans un entretien de juillet 2017, M. V., jeune femme française, raconte sa situation précaire après son mariage avec un Japonais violent, dont la famille séquestre un moment ses deux enfants. Orientée par le consul de France à Tokyo vers l'organisme d'entraide, elle bénéficie d'un prêt de 1 000 euros pour pouvoir rebondir après avoir fui le domicile conjugal[32]. Dans le domaine de la recherche d'emploi, plusieurs associations diasporiques jouent un rôle de conseil auprès des émigrés français. C'est le cas du Centre Charles-Péguy à Londres ou de l'association Emploi Allemagne. En 2021, cette dernière aide 4 030 citoyens français, et parmi eux de nombreuses femmes, à s'inscrire à l'Agence allemande pour l'emploi (*Bundesagentur für Arbeit*) pour trouver un emploi ou une formation[33]. La création de certaines de ces associations est à l'initiative d'un membre de la diaspora bien établi, comme Point d'écoute à Hô Chi Minh-Ville ou Planète France-Madagascar à Tananarive. Dans le domaine de la santé, des structures associatives reçoivent les membres de la diaspora en quête de soins. C'est le cas du dispensaire d'Hammersmith à Londres, qui, pour un montant forfaitaire de 10 livres en octobre 2018, propose des consultations médicales et dentaires à de jeunes Français occupant des emplois non qualifiés, n'ayant pas acquis suffisamment de droits pour s'inscrire au National Health Service (NHS, le service national de santé) ou ne disposant pas des ressources suffisantes pour recourir au secteur médical privé britannique[34]. À Tokyo, un conseiller des Français de l'étranger, ayant professionnellement réussi, déclare faire lui-même des dons pour alimenter le budget de l'OLES[35]. Notre enquête révèle un nombre important d'initiatives associatives de même nature, qui témoignent d'une organisation autonome de la diaspora française au service de ses compatriotes au-delà des frontières.

À quel modèle de transnationalisme ces formes privées de protection sociale correspondent-elles ? S'il s'agit d'un « processus

31. Entretien, société de bienfaisance, Abidjan, 30 octobre 2019.
32. Entretien avec M. V., Française de Tokyo, 22 juillet 2017 (par téléphone).
33. Entretien, association Emploi Allemagne, 24 juin 2021 (par visioconférence).
34. Entretien, Dispensaire français, Londres, 3 octobre 2018.
35. Entretien avec un conseiller des Français de l'étranger, Tokyo, 31 juillet 2017.

par lequel les migrants construisent un champ social qui cherche à lier leur pays d'origine à leur pays de résidence[36] », ces derniers ne peuvent parfois le faire que grâce aux États. Dans le cas français, le transnationalisme diasporique n'existe que parce que l'État d'origine fournit des ressources. Tout d'abord, il soutient financièrement les associations. En 2021, le ministère de l'Europe et des Affaires étrangères accorde, dans le contexte exceptionnel de la pandémie de Covid-19, 2 millions d'euros de subventions à 123 OLES répartis dans le monde – les organismes les plus aidés se trouvent en Asie et Océanie (515 000 euros) et au Moyen-Orient (369 000 euros)[37]. De même, le ministère verse des subventions aux associations *via* les appels d'offres du STAFE, ce fonds d'État dont nous avons parlé dans le chapitre 4 et qui remplace les « réserves parlementaires » accordées directement par les députés et les sénateurs aux associations locales de bienfaisance. Ce dispositif, qui équivaut à ce que la théorie de l'administration publique appelle un rétablissement du « pilotage par le centre[38] », assure en 2021 le versement de 900 000 euros d'aides à 129 projets associatifs, dont certains dans le domaine de la protection sociale[39].

De fait, les consulats français considèrent souvent les associations vers lesquelles ils dirigent les nationaux en difficulté comme des agences déléguées. Le consul à Berlin regrette ainsi l'absence d'une OLES dans sa circonscription, car « cela aiderait beaucoup le consulat[40] ». Les grandes entreprises françaises, notamment celles du CAC 40, procurent peu de subsides aux associations de bienfaisance, et les donateurs privés sont peu nombreux parmi les membres de la diaspora. Dans le cas français, on peut ainsi retourner le concept inventé par Elaine L.-E. Ho et Fiona McConnell en parlant d'un

36. Nina Glick Schiller, Linda Basch et Cristina Szanton-Blanc, « Transnationalism. A New Analytic Framework for Understanding Migration », *Annals of the New York Academy of Sciences*, 645, 1992, p. 1-2.

37. Ministère de l'Europe et des Affaires étrangères, « Rapport 2022 du gouvernement sur la situation des Français établis hors de France », rapport cité, p. 67.

38. Carl Dahlström, B. Guy Peters et Jon Pierre (eds), *Steering from the Centre. Strengthening Political Control in Western Democracies*, Toronto, University of Toronto Press, 2011.

39. Ministère de l'Europe et des Affaires étrangères, « Rapport 2022 du gouvernement sur la situation des Français établis hors de France », rapport cité, p. 66.

40. Entretien avec la consule de France, Berlin, 10 juin 2021.

transnationalisme qui existe «à travers» la diplomatie de l'État. C'est la raison pour laquelle il ne faut pas aller trop vite en affirmant, à partir de l'exemple des diasporas, l'émancipation de l'acteur non étatique dans ce qui serait devenu le grand jeu intersocial des relations internationales. Le transnationalisme embrasse une multitude de situations.

Même si l'émigration relève d'un choix personnel, la protection de l'État français s'applique aux membres de sa diaspora dès lors que ceux-ci fournissent la preuve de leur vulnérabilité sociale. Le versement d'allocations sociales, attaché au statut de national, ne rencontre pas l'obstacle des frontières. Si des formes d'organisation diasporique de la solidarité existent, elles restent largement tributaires de l'État. Aucune partie prenante à la diplomatie consulaire de la France n'a véritablement intérêt au changement : la diaspora, parce que l'État reste un pourvoyeur de ressources budgétaires difficiles à trouver par ailleurs ; les élus, parce que la diplomatie consulaire «providence» procure de la légitimité à leur action politique ; l'État enfin, parce que sa protection est un moyen de maintenir la relation avec la diaspora en créant une tutelle.

Chapitre 7

La diaspora échappe à la diplomatie d'influence

Depuis les années 2010, le ministère français de l'Europe et des Affaires étrangères construit un discours sur l'importance pour l'État de développer une « diplomatie d'influence ». Le concept sert à qualifier en France ce que beaucoup d'autres pays appellent une diplomatie publique, c'est-à-dire la pratique par l'État d'une médiation directe avec les sociétés dans le but de renforcer son image et son attractivité[1].

La diaspora entre difficilement dans le périmètre de la diplomatie d'influence française. Pourquoi cette difficulté, alors que la France protège sa diaspora par une diplomatie consulaire ? Ce chapitre tente de répondre à cette question en suivant trois étapes. Il revient tout d'abord sur l'instrumentalisation libérale des diasporas dans de nombreux pays du monde, en particulier au sud du globe, depuis la fin de la guerre froide. Il montre ensuite pourquoi la conception régalienne de l'État rend, en France, la pratique de la diplomatie d'influence plus complexe. Il explique enfin la faible prise en compte de l'influence diasporique par l'administration diplomatique.

1. Frédéric Charillon, *Guerres d'influence*, *op. cit.* ; Christian Lequesne (dir.), *La Puissance par l'image*, *op. cit.*

L'instrumentalisation libérale des diasporas

Engagés à partir des années 1990 dans un mouvement de libéralisation économique, de nombreux États – situés surtout dans l'hémisphère sud du globe – sont amenés à considérer leur diaspora comme une ressource d'influence. En premier lieu, il s'agit pour eux de faire bénéficier leur économie nationale des investissements et des transferts de fonds de leurs ressortissants émigrés, les remises (*remittances* en anglais) bien étudiées par les spécialistes des migrations et les économistes du développement[2] ; en second lieu, de construire des relations avec les élites diasporiques, notamment binationales, afin de faciliter la fabrication de la diplomatie bi- et multilatérale.

L'instrumentalisation libérale de la diaspora par les diplomates dans un contexte d'ouverture des marchés et de la mobilité est sans aucun doute le changement le plus étudié par les chercheurs. En Inde, la réforme économique initiée en 1991 conduit l'Indian Foreign Service (IFS) du ministère indien des Affaires étrangères à se rapprocher des Indiens de l'étranger, dont on se rend compte qu'ils réalisent une partie non négligeable des investissements directs étrangers dans le pays. Kishan Rana, ambassadeur d'Inde à l'île Maurice de 1989 à 1992, décrit depuis son poste à Port-Louis ce changement de pratique, qui l'amène à s'intéresser moins exclusivement à la défense de l'identité culturelle indienne (70 % de la population mauricienne est d'origine indienne) et davantage aux riches Mauriciens d'origine indienne en capacité d'investir en Inde à la faveur d'un traité fiscal bilatéral[3]. À la même époque, les ambassadeurs indiens dans les pays du Golfe portent une attention accrue aux transferts de fonds des travailleurs émigrés, dans la mesure où ils influencent la balance des paiements de l'Inde[4]. Les diplomates mettent en place des stratégies à géométrie variable, selon la nature des diasporas. Dans les pays dits de « nouvelle émigration » attirant des Indiens très qualifiés et binationaux, comme les États-Unis, le Canada ou l'Allemagne, l'IFS

2. Dean Yang, « Migrant Remittances », *Journal of Economic Perspectives*, 25 (3), 2011, p. 129-152.

3. Kishan Rana, « India's Diaspora Diplomacy », art. cité, p. 361.

4. Mélissa Levaillant, *Le Ministère des Affaires étrangères indien (1947-2015). La production d'une diplomatie sous-dimensionnée*, thèse de doctorat en science politique (relations internationales), sous la direction de Guillaume Devin, Sciences Po, 2016.

encourage la diaspora à s'impliquer dans la vie politique nationale, afin de peser directement sur les relations économiques de ces pays avec l'Inde. Kishan Rana remarque à ce propos que la faible présence d'Indiens occupant des fonctions politiques en Allemagne, pays où il est ambassadeur de 1992 à 1995, rend les transferts de technologie informatique plus difficiles qu'en Australie ou en Nouvelle-Zélande, où les ingénieurs binationaux sont nombreux[5].

Le cas du Mexique suscite également plusieurs travaux sur les pratiques diplomatiques destinées à attirer les investissements de la diaspora installée aux États-Unis. Les recherches d'Alexandra Délano Alonso, d'Adriana Jimenez Cuen ou encore de Rahel Kunz montrent comment le passage du protectionnisme au néolibéralisme sous les présidences de Miguel de la Madrid (1982-1988) et de Carlos Salinas de Gortari (1988-1994) entraîne une réorientation de l'économie mexicaine vers l'exportation et un appel aux investissements accrus des émigrés aux États-Unis[6]. Pour les diplomates mexicains animant le vaste réseau consulaire aux États-Unis, l'émigré devient un « émigré collectif[7] », approché, souvent en partenariat avec les États fédérés, comme le Jalisco, le Michoacán ou le Zacatecas, par l'intermédiaire des associations et des clubs diasporiques, en vue de l'inciter au rapatriement de fonds. En contrepartie de cette participation à l'économie nationale, l'État fédéral mexicain crée des structures étatiques destinées à la représentation de la diaspora, tel l'Institut des Mexicains de l'extérieur en 2003, et initie le droit de vote à distance. Le discours des responsables politiques change également. L'émigré mexicain est présenté sous une image beaucoup plus positive. Il n'est plus le travailleur exilé chez le voisin ennemi, mais un héros national. En 2011, l'ancien président Vicente Fox évoque avec paternalisme les « 23 millions de Mexicains bien-aimés vivant et travaillant aux États-Unis[8] ».

---

5. Kishan Rana, « India's Diaspora Diplomacy », art. cité, p. 367.

6. Alexandra Délano Alonso, *From Here and There*, *op. cit.* ; Adriana Jimenez Cuen, *Remittances and Votes*, *op. cit.* ; Rahel Kunz, « The Discovery of Diaspora », *International Political Sociology*, 6 (1), 2012, p. 103-107

7. Alexandra Délano Alonso, *Mexico and its Diaspora in the United States. Policies of Emigration since 1848*, Cambridge, Cambridge University Press, 2011.

8. Rahel Kunz, « The Discovery of Diaspora », art. cité, p. 104.

C'est peut-être aux Philippines que les pratiques diplomatiques à l'égard de la diaspora ont épousé le plus pleinement le référentiel néolibéral. Présidente de 2001 à 2010, Gloria Macapagal-Arroyo encourage ouvertement ses concitoyens à émigrer, afin de ramener le plus de fonds possible pour le développement du pays. L'État philippin construit à destination des gouvernements et des entreprises étrangères l'image du « bon émigré » philippin, qui non seulement est courageux et parle correctement l'anglais, mais constitue aussi une main-d'œuvre bon marché. Selon Robyn Magalit Rodriguez, la diplomatie philippine se transforme en une grande entreprise vantant l'« avantage compétitif sur le marché global[9] » de ses ressortissants. Le discours politique héroïse aussi l'émigré, présenté comme la meilleure ressource diplomatique du pays à l'étranger et le meilleur soutien de l'économie nationale.

L'instrumentalisation libérale ne saurait se limiter au domaine économique. Parce que le libéralisme repose sur la croyance en l'autonomie de l'acteur privé, il légitime la construction de partenariats public-privé avec la diaspora pour faciliter les pratiques diplomatiques. L'ambassadeur indien Kishan Rana témoigne de l'appui qu'il trouve chez les membres de la diaspora indienne en Allemagne pour entrer en contact avec les ONG de ce pays, ou du soutien de tel homme d'affaires indien établi à Munich pour approcher les personnalités politiques bavaroises[10]. Au Mexique, la diaspora est utilisée par l'État à des fins de diplomatie bilatérale et multilatérale. Partisan en 1992 de la signature avec les États-Unis et le Canada de l'Accord de libre-échange nord-américain (ALENA), le président Salinas de Gortari demande aux diplomates mexicains de s'appuyer au maximum sur les membres influents de la diaspora aux États-Unis pour peser sur les choix de politique commerciale du président George H. W. Bush et du Congrès[11].

Cette instrumentalisation de la diaspora par l'État d'origine comporte toujours le risque de renforcer les divisions politiques. Lorsque la double nationalité est répandue, comme aux États-Unis chez les Indo-Américains, le pays de résidence n'est pas à l'abri

---

9. Robyn Magalit Rodriguez, *Migrants for Export. How the Philippine State Brokers Labor in the World*, Minneapolis, University of Minnesota Press, 2010, p. x.

10. Kishan Rana, « India's Diaspora Diplomacy », art. cité, p. 367.

11. Adriana Jimenez Cuen, *Remittances and Votes*, *op. cit.*, p. 144.

de conflits diplomatiques. En septembre 2021, le chargé d'affaires américain à New Dehli, d'origine indienne, Atul Keshap, quitte ainsi le service diplomatique américain après vingt-huit ans de carrière, à la suite de sa rencontre avec Mohan Bhagwat, le chef de l'organisation suprématiste hindoue Rashtriya Swayamsevak Sangh (RSS). Son départ est le résultat des pressions exercées par les organisations indo-américaines opposées à l'idéologie nationaliste hindoue du gouvernement BJP (Bharatiya Janata Party) de Narendra Modi. Il donne lieu à une compensation politique, puisqu'Atul Keshap est nommé, en janvier 2022, directeur du principal organisme entrepreneurial indo-américain, le US-India Business Council (USIBC)[12].

On pourrait multiplier les exemples de la mise à profit, par les États, de la ressource que constitue la diaspora. Au Kenya, le document programmatique de 2014 sur la politique étrangère du pays à l'horizon 2030 contient une section complète sur la diaspora. On y lit que l'objectif du gouvernement kenyan est d'« utiliser [*utilize*] les Kényans de l'extérieur qui ont réussi » et de se servir de « leurs compétences et de leurs ressources pour le développement de la nation »[13]. Tous ces cas offrent des pistes stimulantes pour l'étude de la relation entre les États et leurs diasporas. Leur portée explicative est toutefois limitée dans la mesure où ils concernent certains pays en particulier, surtout situés dans l'hémisphère sud. La stratégie de l'instrumentalisation libérale est en outre caractéristique d'une période, celle d'une mondialisation qui opère avec force de la fin de la guerre froide à la crise économique des années 2010-2015. Elle est toutefois difficilement généralisable à la France car, nous insistons sur ce point depuis le début de ce livre, le ministère de l'Europe et des Affaires étrangères, et à travers lui l'État, restent très attachés à une diplomatie consulaire protectrice et régalienne. On comprend dès lors pourquoi le Quai d'Orsay éprouve des difficultés à penser la diaspora française comme une composante d'une diplomatie d'influence dont il ne cesse par ailleurs de souligner l'importance.

---

12. Pieter Friedrich, « Why Atul Keshap's Exit from US Diplomatic Service After RSS Visit Is Good for the Diaspora », *The Wire*, 20 janvier 2022. Je remercie Syed Hussaini de m'avoir indiqué cet article.

13. Gouvernement du Kenya, *Kenya Foreign Policy*, rapport, novembre 2014, p. 25.

Et si le régalien s'opposait à l'influence ?

Nous l'avons vu dans le chapitre 5, L'État français construit depuis longtemps une diplomatie d'influence, notamment par le biais de son réseau d'instituts culturels et d'établissements scolaires à l'étranger. Pour autant, longtemps, les sphères décisionnelles n'ont pas éprouvé le besoin de développer une approche stratégique de l'influence, tant il leur semblait évident, comme l'écrit Frédéric Charillon, « que la France est influente parce qu'elle est la France[14] ». À partir des années 2010, la philosophie change au sein du ministère de l'Europe et des Affaires étrangères, qui appelle dorénavant à porter une vision globale des instruments français de *soft power*. Une direction de la diplomatie d'influence est créée au sein de la direction générale de la Mondialisation du ministère. En 2022, le ministre Jean-Yves Le Drian rend publique une « feuille de route de l'influence », qui fixe six priorités stratégiques : mettre la langue française au service du multilinguisme, développer le renom de l'enseignement supérieur et de la recherche scientifique, relancer les industries culturelles et créatives, assurer le rayonnement international des médias, soutenir les *think tanks* et renforcer l'attractivité française pour les organisations internationales[15]. Alors que de nombreux documents programmatiques auraient contenu, dans d'autres pays que la France, une référence explicite à la diaspora, cette feuille de route n'en dit pas un mot. Cette absence est en soi l'indicateur d'une véritable difficulté française à considérer la diaspora comme un acteur à part entière de la diplomatie d'influence. Un ambassadeur explique : « Ce n'était pas vraiment possible d'en parler dans ce document, car la diplomatie d'influence est du ressort du programme 185, alors que les Français de l'étranger, c'est le programme 151 sur le consulaire[16]. » Le commentaire, assez technocratique, a le mérite de faire ressortir une politique : la diplomatie d'influence française cible d'abord et avant tout les sociétés des pays tiers. Un ambassadeur de France dans un pays européen nous

14. Frédéric Charillon, *Guerres d'influence*, *op. cit.*, p. 270.

15. Ministère de l'Europe et des Affaires étrangères, « Feuille de route de l'influence », Paris, 2022.

16. Entretien avec un ambassadeur de France dans un pays européen, 18 avril 2023 (par téléphone).

expliquait, en 2015, que son rôle était d'être influent auprès de la société du pays de résidence, mais qu'il ne s'intéressait pas à la diaspora française dans la mesure où son consul «le faisait très bien», c'est-à-dire qu'il la protégeait parfaitement[17]. Il ressort de cette posture institutionnelle une difficulté à considérer les Français de l'étranger comme faisant partie de l'écosystème du pays de résidence, malgré le grand nombre de binationaux: la diaspora est composée de citoyens qui doivent disposer des mêmes droits que ceux vivant en France et non être «utilisés» pour faire de la diplomatie. Cette conception s'inscrit dans le contexte plus général d'une administration diplomatique qui n'a pas la longue habitude de construire des partenariats avec l'acteur non étatique ou privé, mais qui reste largement marquée par l'exercice solitaire de la puissance étatique.

En matière de diplomatie économique, les services dédiés des ambassades et l'opérateur Business France s'appuient bien entendu sur les chambres de commerce et d'industrie, ou encore sur les conseillers du commerce extérieur, qui sont souvent des hommes d'affaires de la diaspora. De même, les grandes entreprises françaises pratiquent le mécénat en finançant les activités des instituts français, les manifestations culturelles et sportives et parfois même la fête du 14 Juillet, organisées par les ambassades. Mais la diplomatie française est alors en relation avec des acteurs collectifs – institutions et entreprises – et non avec des individus. Certains témoignages de Français de l'étranger recueillis au cours de notre enquête sont à ce sujet assez révélateurs. À la suite du succès de sa première crêperie française créée en 1996, avec son épouse japonaise, dans le quartier de Shinjuku, à Tokyo, Bertrand Larcher est propulsé à la tête d'un groupe prospère de plusieurs restaurants au Japon et en France. En juillet 2017, l'entrepreneur déclare qu'il n'a jamais été invité à la cérémonie du 14 Juillet à l'ambassade de France. Il ajoute: «J'ai longtemps eu le sentiment que le petit crêpier n'était pas respecté par les gens de l'ambassade et de la chambre de commerce franco-japonaise qui veulent aujourd'hui que je témoigne de ma réussite[18].» Le *self-made man*,

17. Entretiens avec un ambassadeur de France dans un pays européen, 16-17 juin 2015.
18. Entretien, Tokyo, 31 juillet 2017.

qui a contribué à démocratiser la cuisine française à l'étranger, en lui faisant quitter la seule sphère de la «haute gastronomie», est pourtant respecté au Japon et s'avère être un excellent médiateur entre son pays de résidence et son pays d'origine. Propriétaire de restaurants en France qui s'inspirent de la cuisine japonaise, il a également fondé à Saint-Malo une école de crêpiers, dans laquelle nombre de jeunes Japonais suivent une formation.

Le diplomate français rencontre une autre difficulté dans le développement de sa stratégie d'influence, celle d'y intégrer les Français de l'étranger qui ne comptent pas rentrer en France. Nous avons souligné dans le chapitre 2 les appels réguliers au retour des présidents de la République adressés aux Français de l'étranger qui connaissent des succès entrepreneuriaux. Ces discours officiels témoignent d'une conception encore très territorialisée de l'économie[19], créant un hiatus dans la relation entre la diplomatie française et les entrepreneurs français de l'étranger. Ainsi, alors que plusieurs consulats européens installés à San Francisco travaillent à ce qu'un maximum d'investissements soient acheminés vers la Silicon Valley, la priorité de la France reste le retour dans l'Hexagone de ses entreprises. Or les entrepreneurs français qui ont réussi dans la high-tech en Californie, comme Benoît Dageville (Snowflake), Alexandre Dayon (Salesforce) ou Stéphane Kasriel (Meta), ne rentreront pas en France, car il n'y existe aucun écosystème équivalent, alliant création d'entreprises, dynamisme de la recherche universitaire et financement par les fonds de capital-risque[20]. L'association informelle French Tech, créée par des entrepreneurs français de la Silicon Valley dans le but de faciliter l'implantation et la réussite de nouvelles start-ups, se trouve ainsi en contradiction avec l'injonction nationale au retour. En pratique, pris en étau entre les deux positions, le consulat général de France à San Francisco «bricole» comme il peut[21].

La recherche empirique a cet avantage de toujours fournir des contre-exemples qui viennent nuancer l'exposé de généralités.

19. Salih Işık Bora, «"A Sovereign Europe"? Strategic Use of the Discourse at the Service of French Economic Interests in EU Politics (2017-2022)», *Journal of Common Market Studies*, 2023 (DOI:10.1111/jcms.13463).

20. Entretien, consulat général de France à San Francisco, 18 avril 2023 (par zoom).

21. *Ibid.*

Le « plan école » mis en place par l'ambassade de France à Londres dans le but de créer de nouveaux établissements scolaires français en est un. En 2007, la conseillère de coopération et d'action culturelle, Laurence Auer, s'est largement appuyée sur la diaspora française pour renforcer la diplomatie d'influence de la France. La diaspora française à Londres compte alors des hommes d'affaires et des financiers qui ont réalisé de copieux bonus à la City pendant la période de « Cool Britannia ». Certains sont en mesure de verser plus de 500 000 livres de don, en contrepartie d'une défiscalisation au Royaume-Uni. Ils possèdent par ailleurs un carnet d'adresses dont la diplomatie française peut bénéficier pour trouver le lieu d'implantation d'un nouveau lycée à Londres, ville où le prix du mètre carré est l'un des plus élevés au monde. S'inspirant d'un montage expérimenté quelques années plus tôt pour rénover le lycée français de New York, la conseillère culturelle décide – en accord avec l'AEFE – de constituer un fonds à but non lucratif en vue de financer le nouveau lycée Winston-Churchill. Le French Education Charitable Trust (FECT) alimente le budget du lycée qui ouvre ses portes dans le quartier de Wembley en septembre 2015. Il permet d'augmenter l'offre de places de 21 % par rapport à 2007 et ses revenus s'élèvent à 3,2 millions de livres à la fin 2018[22]. Parmi les directeurs figurent des membres influents de la diaspora française, comme le banquier Jean-Pierre Mustier, et le PDG d'International SOS, leader mondial de la maîtrise des risques de santé et de sécurité, Arnaud Vaissié.

À Londres, la diplomatie française construit avec la diaspora un partenariat public-privé conforme au modèle libéral. La formule du fonds à but non lucratif est reprise à d'autres fins d'influence, par exemple pour permettre le fonctionnement de l'institut français de South Kensington (la présidence du trust est confiée à Marc Mourre, un financier français) ou pour financer le projet franco-britannique d'art contemporain Fluxus (présidé par Catherine Petitgas, historienne de l'art et philanthrope française installée à Londres)[23]. Dans ces cas, la diplomatie française assume parfaitement de traiter

22. French Education Charitable Trust, rapport d'activité, 31 décembre 2018 (https://register-of-charities.charitycommission.gov.uk/charity-details/?regid=1153763&subid=0).

23. Entretien avec un ambassadeur dans un pays de l'Union européenne, 18 avril 2023 (par téléphone).

directement avec des membres de la diaspora dans le but d'asseoir la politique d'influence de la France. Ce type de pratiques ne va pourtant pas de soi.

L'incertaine administration de l'influence

Un flou institutionnel règne au sein du ministère de l'Europe et des Affaires étrangères sur la question de savoir quel acteur serait le plus à même de piloter une diplomatie d'influence par l'entremise de la diaspora. Les ambassadeurs ont tendance à considérer que leur tâche principale n'est pas d'être en relation avec leurs compatriotes. De leur côté, les consuls se concentrent sur leur mission de protection. «Faire de l'influence auprès des Français de l'étranger ne correspond pas à la formation que j'ai reçue à Nantes», souligne ce consul dans un pays européen[24]. Un autre, en poste dans un pays des Balkans, qui a une longue expérience du métier consulaire, précise qu'il aimerait aller davantage à la rencontre des ressortissants français pour consolider un réseau d'influence, mais que ce n'est pas dans son périmètre[25]. Les consuls généraux, qui sont des généralistes de la diplomatie, sont eux aussi disposés à travailler davantage avec la diaspora, notamment dans les postes qui ne délivrent pas de documents. Mais comme le dit l'un d'entre eux, «si le travail d'influence d'un consulat général est généralement apprécié par l'ambassade, surtout lorsqu'il se trouve éloigné de la circonscription consulaire comme cela peut être le cas aux États-Unis, il est davantage toléré que formalisé[26]». Le consul général ne reçoit pas vraiment d'instruction de la DFEAC dans ce domaine. Pour leur part, les directions politiques du Quai d'Orsay entretiennent peu de contacts directs avec les consulats généraux, sauf avec les «quasi-ambassades» comme Jérusalem ou Hong Kong. Il en va de même des conseillers dans les cabinets du ministère. En 2023, un seul s'occupe des Français de l'étranger au sein du cabinet du ministre délégué en charge du Commerce extérieur, de l'Attractivité et des Français de l'étranger. Il est d'ailleurs paradoxal

---

24. Entretien avec un consul de France dans une capitale de l'Union européenne, 30 mars 2022.
25. Entretien avec un consul de France dans un pays des Balkans, 26 novembre 2021.
26. Entretien, consulat général de France aux États-Unis, 18 avril 2023 (par zoom).

que le ministre responsable cumule le portefeuille de l'attractivité économique et celui des Français de l'étranger, alors que la DFEAC s'intéresse peu à la diplomatie d'influence.

Nous l'avons montré aux chapitres 3 et 4, l'action politique des parlementaires représentant les Français de l'étranger, des élus de l'Assemblée des Français de l'étranger et des conseillers des Français de l'étranger se concentre beaucoup sur la protection consulaire. La difficulté des consulats à prendre leur place dans le dispositif de la diplomatie d'influence s'en trouve accrue. Beaucoup de Français de l'étranger, qui connaissent des réussites individuelles, ne sont pas vraiment « utilisés » pour porter l'image de la France dans leur pays de résidence ou pour consolider une relation bilatérale. De ce point de vue, l'action diplomatique française se différencie des expériences d'autres pays, comme le Mexique ou l'Inde. Et si la culture des diplomates français change, c'est à un rythme lent. Le rapport des États généraux de la diplomatie, qui exprime les attentes du personnel du Quai d'Orsay après la réforme de la fonction publique de 2022, est sur ce sujet éclairant. L'essentiel des recommandations porte sur l'amélioration des pratiques régaliennes de la diplomatie. Une seule fiche appelle à « créer un réflexe de travail en commun avec la société civile », sans que les synergies à développer avec les acteurs non étatiques y soient décrites[27].

Les chercheurs qui travaillent sur l'évolution néolibérale de la diplomatie trouveront souvent dans le modèle français un contre-exemple bienvenu, considérant que l'instrumentalisation des diasporas fait courir le risque d'une rupture d'égalité en faveur des émigrés les plus riches ou les plus connus, comme le démontre la présence des banquiers français dans les fonds à but non lucratif créés à Londres. C'est ici que le débat devient normatif. La contribution des citoyens qui possèdent un capital économique (ou culturel) peut tout à fait être considérée comme une action démocratique. Lorsque les parents du lycée français de San Francisco donnent 600 000 dollars au gala annuel, ils exercent une responsabilité sociale qui aide l'État à asseoir sa diplomatie sur la côte ouest des États-Unis et contribue au bien collectif[28]. Évidemment, cela induit

27. États généraux de la diplomatie, *Pour un réarmement de la diplomatie française*, Paris, mars 2023, p. 101.

28. Entretien, consulat général de France à San Francisco, 18 avril 2023 (par zoom).

un changement de rôle pour le diplomate. Il n'est plus simplement un agent chargé de représenter ou de protéger au nom de la puissance de l'État, mais devient davantage le coordonnateur des ressources en provenance de la société.

Un haut fonctionnaire du Quai d'Orsay constatait en juin 2020 : «La question des Français de l'étranger est fondamentale pour la diplomatie française sur le long terme. Mais vous verrez, elle ne reçoit pas un traitement politique suffisant pour ce qui est de l'influence[29].» Notre enquête le révèle en effet, les consulats utilisent assez peu la diaspora comme une ressource diplomatique pour promouvoir l'image de la France dans les pays de résidence. Le rapport des États généraux ne le nie pas en soulignant qu'il faudrait «associer plus systématiquement les services consulaires à l'action des postes en matière de diplomatie économique et d'influence[30]». Mais cette évolution est plus difficile pour un État dans lequel une culture régalienne et protectrice de la diplomatie reste le modèle socialement légitime.

29. Entretien avec un responsable du ministère de l'Europe et des Affaires étrangères, Paris, 19 juin 2020.

30. États généraux de la diplomatie, *Pour un réarmement de la diplomatie française*, *op. cit.*, p. 103.

Conclusion
Retour à la théorie

À l'issue d'une enquête détaillée, le besoin se fait sentir de prendre de la distance par rapport au matériau empirique. C'est l'objectif de cette conclusion qui est construite comme un retour vers un débat théorique de relations internationales. La réflexion s'organise autour de quatre axes. Le premier porte sur l'utilité des pratiques pour l'étude des relations internationales. Le deuxième se penche sur le « diplomate de la ligne de front » (c'est-à-dire celui qui est en poste à l'étranger) en tant qu'opérateur de pratiques. Le troisième est une interrogation sur la diplomatie comme ressource au service de la diaspora ou comme utilisatrice d'une diaspora-ressource. Enfin, le dernier revient sur la place qu'occupe l'État dans la dynamique générale du transnationalisme. L'objectif de cette conclusion est de dépasser, autant que faire se peut, la seule relation entre la diplomatie de la France et sa diaspora.

Les pratiques en relations internationales

Dans un article fondateur, Iver B. Neumann explique pourquoi le « tournant linguistique » en relations internationales est simultanément porteur du « tournant pratique ». La découverte du discours « entendu comme l'étude des préconditions de l'action sociale inclut nécessairement l'analyse de la pratique considérée comme l'étude de l'action sociale elle-même[1] ». En faisant se rejoindre le discours

1. Iver B. Neumann, « Returning Practice to the Linguistic Turn », art. cité, p. 629.

et la pratique, il s'agit de réconcilier le sens avec la matérialité, comme l'avaient déjà proposé Michel de Certeau et Michel Foucault dans des travaux se situant en dehors du champ des relations internationales[2].

Dans les recherches se réclamant de la théorie des pratiques, comme celles d'Emanuel Adler et de Vincent Pouliot, le concept de pratique possède un sens précis qui le différencie des notions de comportement ou d'action[3]. Vincent Pouliot définit les pratiques « comme des modèles d'activités socialement significatifs et organisés ; en langage courant, ce sont des façons de faire les choses[4] ». De manière différente, « la notion de comportement saisit l'aspect matériel de l'action », précise-t-il, alors que « le concept d'action ajoute une couche de signification, aux niveaux subjectif (intentions, croyances) et intersubjectif (normes, identités) »[5]. La diplomatie se prête particulièrement bien à une théorie des pratiques, car elle est portée par des acteurs qui passent constamment de l'action matérielle à l'action discursive et qui agissent dans un cadre socialement très déterminé. Il est difficile de comprendre les décisions en diplomatie, comme celles analysées dans ce livre, si l'on n'analyse pas finement le cadre socialement significatif dans lequel se meuvent les acteurs, mais aussi le sens social que ce cadre revêt pour eux. Pour ce faire, il faut procéder à une analyse relationnelle des acteurs (le diplomate et le parlementaire, le diplomate et l'élu consulaire, etc.), mais aussi s'intéresser de près aux lieux de transaction (le consulat, les réunions des comités consulaires, les réunions l'AFE, etc.).

L'acteur en diplomatie construit toujours sa pratique par rapport à ce qui lui est habituel. C'est la raison pour laquelle les internationalistes qui s'intéressent aux pratiques cherchent à saisir le quotidien et le routinier. Pour ce faire, ils ont souvent recours au concept d'« habitus », introduit par le sociologue français Pierre Bourdieu et défini comme des structures structurées, produits de

2. Michel de Certeau, *L'Invention du quotidien*, tome 1 : *Arts de faire*, Paris, Gallimard, 1990 ; Michel Foucault, *Sécurité, territoire, population*, *op. cit.*

3. Emanuel Adler et Vincent Pouliot, « International Practices », *International Theory*, 3 (1), 2011, p. 1-36.

4. Vincent Pouliot, *International Pecking Orders. The Politics and Practice of Multilateral Diplomacy*, Cambridge, Cambridge University Press, 2016, p. 49.

5. *Ibid.*

la socialisation des individus, prédisposées à fonctionner comme des structures structurantes dans l'action[6]. Si le concept s'avère utile, il a cependant pour principale limite de se concentrer quasi exclusivement sur la lutte perpétuelle entre acteurs sociaux dans le but de produire et de reproduire des positions dominantes dans une structure sociale hiérarchisée. Pierre Bourdieu ne sait pas penser les pratiques en dehors d'un jeu politique dans lequel s'affrontent nécessairement un dominant et un dominé, parce qu'il a lui-même trop exclusivement intégré un certain « habitus » français de la lutte des classes. Emanuel Adler affirme avec raison que le concept d'« habitude » chez les sociologues pragmatiques américains, antérieur à la pensée de Bourdieu[7], présente davantage d'intérêt pour analyser les pratiques en relations internationales. Il permet en effet de qualifier l'ensemble des régularités dans l'action en s'extrayant de la seule question des différences sociales et de la domination[8]. Pour les pragmatiques américains, les habitudes des acteurs « constituent la structure qui se transmet par réplication, devenant ainsi les éléments constitutifs du monde social[9] ». Ajoutons que Pierre Bourdieu a tendance à considérer les pratiques à partir des agents individuels qui agissent dans une structure sociale en lutte, qu'il appelle le « champ ». Cette dernière notion est problématique en ce qu'elle ne distingue pas avec suffisamment de précision les agents du contexte. Le concept de « communautés de pratiques » chez Emanuel Adler s'avère beaucoup plus opérationnel pour la recherche. Il permet de regrouper des agents partageant des pratiques semblables au point de devenir des agents collectifs. C'est le cas des diplomates consulaires, des sénateurs des Français de l'étranger ou encore des proviseurs des lycées français à l'étranger étudiés dans ce livre.

Du point de vue de la méthode, l'analyse des pratiques en relations internationales nécessite de recenser à la fois des faits

---

6. Rebecca Adler-Nissen (ed.), *Bourdieu in International Relations. Rethinking Key Concepts in IR*, Londres, Routledge, 2013.

7. Hans Joas, *The Creativity of Action*, Chicago, The University of Chicago Press, 1996. Pour un rappel des classiques, voir John Dewey, *Democracy and Education*, New York, Macmillan, 1916.

8. Emanuel Adler, *World Ordering. A Social Theory of Cognitive Evolution*, Cambridge, Cambridge University Press, 2019.

9. *Ibid.*, p. 121.

matériels et des discours. Elle assume la méthode inductive qui se traduit par des allers-retours constants entre l'observation micro et les questions macro, en n'oubliant jamais que la compréhension des phénomènes macro reste l'une des caractéristiques de l'étude des relations internationales. Parmi les plus essentiels, il y a le rapport entre la continuité et le changement qui renvoie au rapport entre la structure (continuité) et l'agentivité (changement). En analysant les relations qu'entretiennent les diplomates avec la diaspora française en dehors des frontières nationales, on mesure à de nombreux moments la part importante de la continuité dans leurs pratiques. Mais on observe parfois aussi que la créativité et, plus encore, la réflexivité des acteurs alimentent le changement. Il est toutefois rare que la pratique du diplomate soit complètement novatrice ou innovante. C'est pour cette raison que les révolutionnaires, et Paul Sharp l'a bien montré, entretiennent une méfiance structurelle envers la diplomatie, bien qu'ils soient souvent obligés de reprendre à leur compte les habitudes qu'elle impose à leur État lorsqu'ils passent du statut de révolutionnaire qui revendique à celui de révolutionnaire qui gouverne[10]. En quelque sorte, aucun acteur, fût-il radical en matière de créativité politique, n'échappe vraiment au recyclage de l'habitude en relations internationales. C'est aussi l'une des raisons pour lesquelles il est indispensable de toujours scruter les pratiques par rapport à des trajectoires historiques.

Le « diplomate de la ligne de front »

Les travaux de science politique et d'histoire portant sur les relations internationales et la diplomatie accordent souvent une place de choix à l'acteur diplomatique qui occupe des positions élevées au sein de l'administration centrale des affaires étrangères. Sont étudiés également les ambassadeurs (en particulier dans les situations de crise), mais beaucoup plus rarement les autres diplomates en poste. Ces derniers sont négligés, alors qu'ils produisent l'essentiel de la connaissance et de l'action par leur travail relationnel sur le terrain avec les diplomates des pays tiers et les acteurs sociaux. En abordant la diplomatie par les pratiques, on réhabilite le

10. Paul Sharp, « Revolutionary Diplomacy », *Oxford Research Encyclopedias of International Studies*, 2020 (https://doi.org/10.1093/acrefore/9780190846626.013.586).

diplomate de terrain qu'Andrew Cooper et Jérémie Cornut qualifient de « diplomate de la ligne de front[11] ». Peuvent alors être englobés dans ce concept les consuls, les agents consulaires, mais aussi les conseillers culturels et les attachés de coopération éducative qui constituent les acteurs des pratiques diplomatiques en relation avec la diaspora. Si l'on poursuit l'objectif d'une théorie de la diplomatie, ces acteurs sont cruciaux, car ce sont eux qui engagent l'État au quotidien dans l'application de procédures, la mise en œuvre de négociations (souvent des micro-négociations), mais qui assurent aussi une présence physique auprès de la diaspora[12].

La principale tâche du « diplomate de la ligne de front » en charge de la diaspora est de représenter l'État dans une relation qui se construit non pas avec un acteur d'une autre nationalité, mais avec un acteur de son propre pays, le citoyen français qui se présente au guichet du consulat, l'élu qui délibère pour l'attribution des bourses dans les conseils consulaires ou le parent d'élève qui réclame plus de professeurs pour le lycée français. La principale tâche du diplomate n'est donc plus de chercher à réduire la séparation (*estrangement*) entre sa culture nationale et une culture nationale tierce[13], mais d'être au service du citoyen de son propre État. La littérature sur les pratiques diplomatiques porte de plus en plus d'intérêt à cette obligation pour le diplomate de s'adresser à la société de son propre pays. Anna Geis, Christian Opitz et Hanna Pfeifer parlent d'un phénomène de « sociétisation » de la diplomatie en s'appuyant néanmoins un peu trop exclusivement sur les actions de sensibilisation à la politique étrangère que les ministères des Affaires étrangères de démocraties soumettent de plus en plus à des panels de citoyens nationaux[14]. Cette littérature omet de faire entrer dans son champ d'analyse le travail du diplomate avec les diasporas, qui sont également des ensembles de citoyens nationaux.

---

11. Andrew F. Cooper et Jérémie Cornut, « The Changing Practices of Frontline Diplomacy », art. cité.

12. Iver B. Neumann, « The Body of the Diplomat », *European Journal of International Relations*, 14 (4), 2008, p. 671-695.

13. Sasson Sofer, « The Diplomat as a Stranger », *Diplomacy and Statecraft*, 8 (3), 1997, p. 179-186.

14. Anna Geis, Christian Opitz et Hanna Pfeifer, « Recasting the Role of Citizens in Diplomacy and Foreign Policy. Preliminary Insights and a New Research Agenda », *The Hague Journal of Diplomacy*, 17 (3), 2022, p. 614-627.

Le « diplomate de la ligne de front » s'inscrit rarement dans ce que Iver B. Neumann appelle le « script du héros », c'est-à-dire celui qui « implique une bravoure et un leadership individuels exceptionnels[15] ». Le consul et l'agent consulaire entrent plutôt dans le « script de l'administrateur » qui « consiste à être un homme bien ou une femme bien, faisant tout un tas de petites choses que l'on attend de lui ou elle dans un large éventail de contextes différents[16] ». Cette figure joue un grand rôle dans la vie quotidienne des citoyens français à l'étranger, pour l'obtention d'une bourse scolaire, le versement d'une allocation sociale, l'exercice du droit de vote, le renouvellement de papiers d'identité. Le pouvoir du diplomate dépend alors de sa capacité à administrer et à distribuer des subsides aux citoyens de son pays, dans le contexte d'une politisation orchestrée par un milieu national composé d'élus (consulaires et parlementaires), de parents d'élèves, de conseillers des chambres de commerce. Cette politisation a historiquement été voulue par l'État pour s'assurer que sa diaspora conserve une relation étroite avec lui (la fonction de notable diasporique a été inventée par lui pour faciliter la médiation). Mais elle est aussi une limite pour le diplomate, car elle produit un contrôle politique de sa pratique matérielle et discursive en dehors des frontières nationales.

La relation entre le « diplomate de la ligne de front » et la diaspora se prête à la comparaison avec celle qu'entretiennent l'administration de guichet et le citoyen sur le territoire national. Ce constat permet de relativiser l'idée d'une spécificité absolue du métier de diplomate par rapport aux autres composants de la fonction publique, voire d'une impossibilité à étudier la politique étrangère comme n'importe quelle autre politique publique. Quiconque réfléchit à une théorie de la diplomatie constate assez vite que la « dé-étrangéisation » du métier de diplomate est une réalité beaucoup plus importante que la perte du monopole des ministères des Affaires étrangères souvent mise en avant par la littérature[17]. Le « diplomate de la ligne de front », en administrant les consulats, les lycées français ou en organisant le rapatriement de personnes

15. Iver B. Neumann, « To Be a Diplomat », *International Studies Perspectives*, 6 (1), 2005, p. 13.

16. *Ibid.*

17. Geoff R. Berridge, *Diplomacy*, *op. cit.*

vulnérables, se retrouve directement au service du citoyen. Certains auteurs n'hésitent plus à parler d'une évolution de la diplomatie vers des pratiques qui « engagent la maison » (*engaging home in diplomacy*[18]), et sur lesquelles la recherche a encore beaucoup à apprendre.

La diplomatie au service de la diaspora ou la diaspora comme ressource

Revenons sur l'intérêt à distinguer les concepts de diplomatie consulaire et de diplomatie de diaspora, que nous avons défendu dans le chapitre 1. Le concept de diplomatie consulaire est inspiré par la pratique du droit international des États. On le trouve explicitement défini dans l'article 5 de la Convention sur les relations consulaires, signée à Vienne le 24 avril 1963 et entrée en vigueur le 19 mars 1967 : « Les fonctions consulaires consistent à protéger dans l'État de résidence les intérêts de l'État d'envoi et de ses ressortissants, personnes physiques et morales. » L'État français protège les membres de sa diaspora *via* une gamme de services qui relèvent de ce que Michel Foucault appelle la tradition pastorale du pouvoir. « Ce qui caractérise ce pouvoir, c'est qu'il n'est ni répressif ni autoritaire. Le berger ne règne pas, comme un roi grec, sur un territoire ou une cité, il conduit, guide le troupeau humain, veille sur lui, prend garde à ce qu'il ne s'égare ni ne dépérisse. Ce pouvoir est un pouvoir de soin[19]. » Le pouvoir pastoral foucaldien correspond au triptyque sécurité, territoire, population sur lequel s'est appuyée la construction de l'État moderne. La diplomatie consulaire française s'affranchit néanmoins d'une importante condition : le territoire.

Il se trouve qu'une grande partie de la littérature sur la diplomatie consulaire affirme que ce pouvoir pastoral tendrait à disparaître depuis les années 1980, sous l'effet d'un référentiel néolibéral qui substituerait à la protection de l'État une auto-responsabilisation de l'acteur diasporique. On peut affirmer à l'issue de ce livre que

---

18. C'est le titre du numéro spécial de *The Hague Journal of Diplomacy* dirigé par HwaJung Kim et Jan Melissen, déjà cité.

19. Claude Nsal'onanongo Omelenge, *Le Pouvoir pastoral comme politique de la vérité. Une analyse foucaldienne de la raison gouvernementale*, mémoire de master en philosophie, Université Paris 1 Panthéon-Sorbonne, 2019, p. 3.

le cas de la France échappe largement à ces transformations. Ce n'est pas pour rien, du reste, que la France ne fait jamais partie du corpus empirique sur lequel se fondent ces travaux.

La diplomatie de diaspora est un concept qui qualifie un autre type de pratique : celle, cette fois-ci libérale, consistant pour l'État d'origine à utiliser l'individu émigré pour servir des intérêts de politique étrangère ou de politique intérieure. Nous l'avons vu plus haut, il existe une abondante littérature qui montre comment les États cherchent à associer leur diaspora à la promotion de leur image nationale, à la diplomatie bilatérale ou encore au traitement de l'information par leurs agences de renseignement. Les diasporas deviennent les agents d'une influence s'appuyant sur des échanges transnationaux qui dépassent les initiatives formelles des États. Une telle diplomatie requiert toutefois de la part de l'État d'origine d'accepter la légitimité d'une relation partenariale avec les acteurs sociaux que sont les diasporas. Cette approche reste peu développée en France, où l'idéologie de l'intérêt général – construite pour marquer la supériorité de l'État sur la société – se méfie de l'utilisation des intérêts particuliers.

La préférence de l'État soit pour une diplomatie consulaire protectrice, soit pour une diplomatie de diaspora libérale, renvoie ainsi à une variable qui reste essentielle dans l'étude de la diplomatie : la nature même de l'État. Elle confirme la pertinence des analyses de relations internationales qui, en réaction à l'obsession pour le « système international », considèrent l'importance de l'État en ouvrant sa boîte noire. Juliet Kaarbo a consacré l'un des états de l'art les plus clairs sur le tournant (un de plus) de la politique nationale dans la théorie des relations internationales[20]. Ce livre montre également que, pour comprendre le type de diplomatie que l'État français développe à l'égard de sa diaspora, il est indispensable de saisir l'historicité de l'État et de mettre en évidence les cultures étatiques qui transparaissent nécessairement dans les relations internationales. En France, la prédominance de la protection consulaire s'explique par une culture unitaire de la citoyenneté nationale garantie par l'État : les droits accordés à la

20. Juliet Kaarbo, « A Foreign Policy Analysis Perspective on the Domestic Politics Turn in IR Theory », *International Studies Review*, 17 (2), 2015, p. 189-216.

diaspora doivent être les mêmes que ceux des individus vivant à l'intérieur des frontières du pays, et il ne saurait y avoir en France de citoyenneté réservée à une communauté particulière. Elle s'explique aussi par une culture régalienne qui imprègne la diplomatie comme l'action publique en général, cette habitude de l'État à agir au nom d'un intérêt supérieur, plutôt qu'à construire des partenariats avec la société. La prise en compte de la diaspora comme une variable ressource de la diplomatie d'influence devient dès lors difficile, dans la mesure où le partenariat avec l'acteur non étatique est suspecté d'attenter à l'essence même du pouvoir de l'État, et donc du diplomate. Cette culture prend le contre-pied de l'approche néolibérale qui conçoit la diplomatie comme un encouragement de l'État à promouvoir l'autonomie de l'acteur non étatique, en lui déléguant parfois certaines de ses missions, même si en pratique le néolibéralisme n'aboutit pas toujours à réduire le pouvoir de l'État.

Un transnationalisme qui préserve l'État

À l'instar de nombreux concepts de relations internationales, celui de transnationalisme se définit mieux lorsque l'on adopte une approche inductive, comme le fait la sociologie pragmatique, c'est-à-dire en identifiant la manière dont les acteurs opèrent dans un contexte de trans-territorialité. « Les liens transfrontaliers, la formalité/informalité des activités et pratiques transfrontalières fréquentes, ainsi que l'intensité et le degré élevés des échanges transfrontaliers, sont les principales caractéristiques du transnationalisme[21]. » Une erreur manifeste consisterait toutefois à considérer que le transnationalisme des diasporas conduit automatiquement au contournement et à la diminution du pouvoir de l'État d'origine. Riva Kastoryano, dont les travaux conceptuels se fondent sur l'étude empirique des diasporas turques au sein de l'Union européenne, le démontre parfaitement. Elle écrit, en citant les travaux de John Alexander Armstrong : « La transnationalité [expression qu'elle préfère à transnationalisme] introduit une nouvelle relation

21. Miriam Tedeschi, Ekaterina Vorobeva et Jussi S. Jauhiainen, « Transnationalism », art. cité, p. 604.

aux États qui se caractérise par une dépendance mutuelle[22]. » C'est exactement ce que nous avons observé dans le cas français. L'État (et, à travers lui, les diplomates français) maintient une influence à l'étranger en prodiguant des services et en créant des institutions (comme les lycées français) qui permettent à la diaspora de ne pas renoncer au lien avec le territoire d'origine, du moins à la langue et à la culture françaises. En contrepartie, la diaspora (avec ses élus et ses représentants) fait valoir son lien avec l'État d'origine pour défendre des intérêts propres (comme avoir plus d'enseignements payés par l'État dans les établissements de l'AEFE ou disposer de services consulaires plus efficaces). Il s'agit donc bien d'un rapport de dépendance mutuelle.

Ce livre permet cependant d'ouvrir une piste que Riva Kastoryano n'exploite pas forcément et que nous avons abordée plus haut : celle de la capacité conservatoire de l'État dans la relation d'interdépendance. Les travaux sur le transnationalisme diasporique partent très souvent du principe que l'État se libéralise, au sens où il accepte de mobiliser sa diaspora sur la base d'un partenariat public-privé, et qu'il la charge de participer à la défense de ses intérêts dans l'espace extraterritorial. Or, on ne peut pas affirmer à l'issue de cette enquête que l'acteur diasporique développe toujours des partenariats avec l'État ou son représentant (le diplomate), et encore moins qu'il s'y substitue. En France, l'État protège considérablement le Français de l'étranger par le biais d'une diplomatie consulaire généreuse, mais l'utilise assez peu pour en faire un « ambassadeur privé[23] » dans le pays de résidence.

En définitive, le transnationalisme des 2,5 millions de Français de l'étranger préserve le pouvoir de l'État. Si le diplomate français protège l'acteur diasporique, il se protège aussi de la tentation d'en faire un partenaire. Il fait de l'idéologie de l'intérêt général son bouclier, puisqu'elle délégitime une interaction trop grande avec les acteurs non étatiques et constitue, de ce point de vue, le fondement même d'une pratique diplomatique qui reste largement régalienne. On en revient au constat que la relation entre le transnationalisme

---

22. Riva Kastoryano, « Transnationalism. Theory and Experience », dans Ricard Zapata-Barrero, Dirk Jacobs et Riva Kastoryano (eds), *Contested Concepts in Migration Studies*, Londres, Routledge, 2022, p. 254.

23. *Ibid.*, p. 253.

et l'État ne dépend pas uniquement de la dynamique des acteurs transnationaux, que les spécialistes des migrations ont très bien étudiés, mais aussi de la nature même de l'État, et plus précisément de son historicité et de ses principes idéologiques fondateurs. Pour les spécialistes des relations internationales, il ne saurait y avoir de compréhension d'un phénomène aussi essentiel sans une sociologie comparative des États. L'étude des pratiques des agents qui « font » les États au-delà des frontières, à savoir les diplomates, y contribue.

Ce livre est la première enquête de science politique sur les pratiques du diplomate français dans sa relation au Français de l'étranger. Il est une tentative de réflexion plus large sur les concepts de diplomatie consulaire et de diplomatie de diaspora, en les inscrivant complètement dans le champ des relations internationales. Si ce dernier est parfois critiqué au sein même de la science politique pour son manque d'ancrage empirique, l'approche par les pratiques invalide fermement le reproche.

Bibliographie

Diplomates et administrations diplomatiques

ADLER Emanuel et POULIOT Vincent, « International Practices », *International Theory*, 3 (1), 2011, p. 1-3.

BADEL Laurence, *Diplomaties européennes, XIXe-XXIe siècle*, Paris, Presses de Sciences Po, 2021.

BAILLOU Jean (dir.), *Les Affaires étrangères et le corps diplomatique français*, Paris, CNRS Éditions, 1984, 2 tomes.

BALZACQ Thierry, CHARILLON Frédéric et RAMEL Frédéric (dir.), *Manuel de diplomatie*, Paris, Presses de Sciences Po.

BERRIDGE Geoff R., *Diplomacy. Theory and Practice*, Basingstoke, Palgrave Macmillan, 2015.

BURHØJ JERRIS Frederik, « Compound Diplomacy. Everyday Spatiality in the Diplomatic Frontlines in Lomé », mémoire pour le master en relations internationales, Sciences Po, 2023.

CHARILLON Frédéric, *Guerres d'influence. Les États à la conquête des esprits*, Paris, Odile Jacob, 2022.

COOPER Andrew F. et CORNUT Jérémie, « The Changing Practices of Frontline Diplomacy. New Directions for Inquiry », *Review of International Studies*, 45 (2), 2018, p. 300-319.

FRANK Robert, « La machine diplomatique culturelle française après 1945 », *Relations internationales*, 115, 2003, p. 325-348.

GEIS Anna, OPITZ Christian et PFEIFER Hanna, « Recasting the Role of Citizens in Diplomacy and Foreign Policy. Preliminary Insights and a New Research Agenda », *The Hague Journal of Diplomacy*, 17 (3), 2022, p. 614-627.

KIM HwaJung et MELISSEN Jan (eds), « Engaging Home in International Diplomacy », *The Hague Journal of Diplomacy*, 17 (4), 2022.

KUUS Merje, *Geopolitics and Expertise. Knowledge and Authority in European Diplomacy*, Hoboken, Wiley-Blackwell, 2013.

LEQUESNE Christian, *Ethnographie du Quai d'Orsay. Les pratiques des diplomates français*, Paris, CNRS Éditions, 2017.

LEQUESNE Christian, « Why Studying State Foreign Services Remains a Research Priority », *Diplomacy and Statecraft*, 30 (4), 2019, p. 780-785.

LEQUESNE Christian (dir.), *La Puissance par l'image. Les États et leur diplomatie publique*, Paris, Presses de Sciences Po, 2021.

LEQUESNE Christian (ed.), *Ministries of Foreign Affairs in the World. Actors of State Diplomacy*, La Haye, Brill, 2022.

NEUMANN Iver B., « Returning Practice to the Linguistic Turn. The Case of Diplomacy », *Millennium*, 2002, 31 (3), p. 627-651.

NEUMANN Iver B., « The Body of the Diplomat », *European Journal of International Relations*, 14 (4), 2008, p. 671-695.

NEUMANN Iver B., *At Home with Diplomats. Inside a European Foreign Ministry*, Ithaca, Cornell University Press, 2012.

PIOTET Françoise, LORIOL Marc et DELFOLIE David, *Splendeurs et misères du travail des diplomates*, Paris, Hermann, 2013.

POULIOT Vincent, *International Pecking Orders. The Politics and Practice of Multilateral Diplomacy*, Cambridge, Cambridge University Press, 2016.

SOFER Sasson, « The Diplomat as a Stranger », *Diplomacy and Statecraft*, 8 (3), 1997, p. 179-186.

VAÏSSE Maurice (dir.), *Diplomatie Française. Outils et acteurs depuis 1980*, Paris, Odile Jacob, 2018.

Diplomatie consulaire

BIRKA Ieva, KĻAVIŅŠ Didzis et KITS Robert, « Duty of Care. Consular Diplomacy Response of Baltic and Nordic Countries to Covid-19 », *The Hague Journal of Diplomacy*, 18 (2), 2023, p. 133-164.

DÉLANO ALONSO Alexandra, *From Here and There. Diaspora Policies, Integration, and Social Rights Beyond Borders*, Oxford, Oxford University Press, 2018.

DICKIE John, *The British Consul. Heir to a Great Tradition*, New York, Columbia University Press, 2008.

LAFLEUR Jean-Michel et VINTILA Daniela (eds), *Migration and Social Protection in Europe and Beyond*, volume 2 : *Comparing Consular Services and Diaspora Policies*, Cham, Springer, 2020.

LEE Luke T. et QUIGLEY John, *Consular Law and Practice*, Oxford, Oxford University Press, 2008.

LEIRA Halvard et NEUMANN Iver B., « Consular Representation in an Emerging State. The Case of Norway », *The Hague Journal of Diplomacy*, 3 (1), 2008, p. 1-19.

MARESCA Adolfo, « Les relations consulaires et les fonctions de consul en droit privé », *Recueil des cours de l'Académie de droit international de La Haye*, vol. 134, Paris, Sirey, 1971.

MATTON-PERRY Denis, *Paroles de consul. Rires et vertiges au bord du Quai*, Paris, Amazon, 2022.

MELISSEN Jan, « Consular Diplomacy's First Challenge. Communicating Assistance to Nationals Abroad », *Asia Pacific Policy Studies*, 7 (2), 2020, p. 217-228.

MELISSEN Jan et FERNÁNDEZ Ana Mar (eds), *Consular Affairs and Diplomacy*, La Haye, Martinus Nijhoff, 2011.

MELISSEN Jan et OKANO-HEIJMANS Maaike (eds), « Diplomacy and the Duty of Care », *The Hague Journal of Diplomacy*, 13 (2), 2018.

MORARU Madalina, « An Analysis of the Consular Protection Directive. Are EU Citizens Now Better Protected ? », *Common Market Law Review*, 56 (2), 2019, p. 417-462.

SMOLINSKA Anna Maria, BOUTROS Maria, LOZANORIOS Frédérique et LUNCA Mariana, *Droit international des relations diplomatiques et consulaires*, Bruxelles, Larcier, 2015.

Stringer Kevin D., « The Visa Dimension of Diplomacy », *Discussion Papers in Diplomacy*, 91, 2004.

Tsinovoi Alexei et Adler-Nissen Rebecca, « Inversion of the “Duty of Care”. Diplomacy and the Protection of Citizens Abroad, from Pastoral Care to Neoliberal Governmentality », *The Hague Journal of Diplomacy*, 13 (2), 2017, p. 211-232.

Ulbert Jörg et Prijac Lukian (dir.), *Consuls et services consulaires au xixe siècle*, Hambourg, DobuVerlag, 2010.

Zourek Jaroslav, « Le statut et les fonctions des consuls », *Recueil des cours de l'Académie de droit international de La Haye*, vol. 106, Paris, Sirey, 1962.

Diplomatie de diaspora

Brinkerhoff Jennifer M., « Diasporas and Public Policy. Distinctions and Future Prospects », *The Hague Journal of Diplomacy*, 14 (1-2), 2019, p. 51-64.

Délano Alonso Alexandra, *Mexico and its Diaspora in the United States. Policies of Emigration since 1848*, Cambridge, Cambridge University Press, 2011.

Délano Alexandra et Gamlen Alan, « Comparing and Theorizing State-Diaspora Relations », *Political Geography*, 41, 2014, p. 43-53.

Ho Elaine L.-E. et McConnell Fiona, « Conceptualizing “Diaspora Diplomacy”. Territory and Populations Betwixt the Domestic and Foreign », *Progress in Human Geography*, 43 (2), 2019, p. 235-255.

Kennedy Liam, « Diaspora and Diplomacy », dans Nancy Snow et Nicholas Cull (eds), *The Routledge Handbook of Public Diplomacy*, Londres, Routledge, 2020, p. 213-223.

Ragazzi Francesco, « Governing Diasporas », *International Political Sociology*, 3 (4), 2009, p. 378-397.

Rana Kishan, « India's Diaspora Diplomacy », *The Hague Journal of Diplomacy*, 4 (3), 2019, p. 361-372.

Diaspora et transnationalisme

Boyle Mark et Ho Elaine L.-E., « Sovereign Power, Biopower, and the Reach of the West in an Age of Diaspora-centered Development », *Antipode*, 49 (3), p. 577-596.

Dufoix Stéphane, *La Dispersion. Une histoire des usages du mot diaspora*, Paris, Éditions Amsterdam, 2011.

Fechter Anne-Meike, *Transnational Lives. Expatriates in Indonesia*, Londres, Routledge, 2016.

Glick Schiller Nina, Basch Linda et Szanton-Blanc Cristina, « Transnationalism. A New Analytic Framework for Understanding Migration », *Annals of the New York Academy of Sciences*, 645, 1992, p. 1-24.

Kastoryano Riva, « Vers un nationalisme transnational. Nation, nationalisme et territoire », *Revue française de science politique*, 56 (4), 2006, p. 533-553.

Kastoryano Riva, « Transnationalism. Theory and Experience », dans Ricard Zapata-Barrero, Dirk Jacobs et Riva Kastoryano (eds), *Contested Concepts in Migration Studies*, Londres, Routledge, 2022, p. 243-258.

Low Kelvin E. Y., « Migrant Warriors and Transnational Lives. Constructing a Gurkha Diaspora », *Ethnic and Racial Studies*, 39 (5), 2016, p. 840-857.

Rodriguez Robyn Magalit, *Migrants for Export. How the Philippine State Brokers Labor in the World*, Minneapolis, University of Minnesota Press, 2010.

Tedeschi Miriam, Vorobeva Ekaterina et Jauhiainen Jussi S., « Transnationalism. Current Debates and New Perspectives », *GeoJournal*, 87, 2022, p. 603-619.

Wagner Anne-Catherine, *Les Nouvelles Élites de la mondialisation. Une immigration dorée en France*, Paris, PUF, 1998.

Diaspora française

Engels-Perrein Hélène, *« Les Français d'Allemagne ». Acteurs de l'amitié franco-allemande, 1915-1999*, Paris, L'Harmattan, 2022.

Goury Patrice, *Pérégrinations des « Barcelonnettes » au Mexique*, Grenoble, L'Empreinte du temps-Presses universitaires de Grenoble, 1980.

Lagarde François, *Français aux États-Unis (1990-2005). Migration, langue, culture et économie*, Berne, Peter Lang, 2015.

Lambert David, *Notables des colonies. Une élite de circonstance en Tunisie et au Maroc (1881-1939)*, Rennes, Presses universitaires de Rennes, 2009.

Lequesne Christian, « La diaspora française de Londres à l'heure du Brexit », *Les Études du CERI*, 250, juillet 2020.

Lindenfeld Jacqueline, *Les Français aux États-Unis. Étude ethnographique*, Paris, L'Harmattan, 2002.

Mandrou Robert, « Les Français hors de France aux xvie et xviie siècles », *Annales. Économies, sociétés, civilisations*, 14 (4), 1959, p. 662-675.

Martin Philippe, « De Barcelonnette au Mexique et retour (pour certains). Histoire d'une émigration réussie », *Le Globe. Revue genevoise de géographie*, 148, 2008, p. 173-197.

Peltier-Charrier Marie-Christine, *Les Français de l'étranger comme catégorie politique*, thèse de doctorat en anthropologie sociale et politique, sous la direction de Marc Abélès, EHESS, 2018.

Terrien Catherine (dir.), *La Migration des Français au Maroc. Entre proximité et ambivalence*, Casablanca, La Croisée des Chemins, 2016.

Verquin Béatrice, « Les Français de l'étranger. D'un "modèle colonial" à la circulation des élites », *Hommes et migrations*, 1233, 2001, p. 28-43.

Weil François, « The French State and Transoceanic Emigration », dans Nancy L. Green et François Weil (eds), *Citizenship and Those Who Leave. The Politics of Emigration and Expatriation*, Champaign, University of Illinois Press, 2013, p. 114-134.

Weinar Agnieszka (ed.), *Emigration and Diaspora Policy in the Age of Mobility*, Cham, Springer, 2017.

Élections extraterritoriales

Bauböck Rainer, « Expansive Citizenship. Voting Beyond Territory and Membership », *Political Science and Politics*, 38 (4), 2005, p. 683-687.

Collyer Michael, « Inside Out ? Directly Elected "Special Representation" of Emigrants in National Legislatures and the Role of Popular Sovereignty », *Political Geography*, 41, 2014, p. 64-73.

Dandoy Régis et Kernalegenn Tudi, « Internet Voting from Abroad. Exploring Turnout in the 2014 French Consular Elections », *French Politics*, 19, 2021, p. 421-439.

Garriaud-Maylam Joëlle, « La représentation politique des expatriés en France », dans Stéphane Dufoix, Carine Guerassimoff et Anne de Tinguy (dir.), *Loin des yeux, près du cœur. Les États et leurs expatriés*, Paris, Presses de Sciences Po, 2010, p. 105-127.

Jimenez Cuen Adriana, *Remittances and Votes. Emigrant Political Participation in Mexico*, PhD, Londres, Department of Government, London School of Economics and Political Science, 2008

Kernalegenn Tudi et Pellen Cédric, « En Marche Français expatriés ! L'émergence d'un nouvel acteur politique parmi les Français de l'étranger », *Revue internationale de politique comparée*, 26 (2-3), 2019, p. 159-186.

Kernalegenn Tudi et Van Haute Émilie (eds), *Political Parties Abroad. A New Arena for Party Politics*, Londres, Routledge, 2020.

Pellen Cédric, « À la conquête de l'Amérique. La campagne des élections législatives dans la 1re circonscription des français de l'étranger », *Revue française de science politique*, 63 (6), 2013, p. 1137-1162.

Smith Étienne, « Sénégal : la diaspora fait-elle l'élection ? Le vote à distance entre 1992 et 2002 », *Afrique contemporaine*, 256, 2015, p. 51-72.

Smith Étienne, « Voter au loin. Dynamiques électorales transnationales dans la neuvième circonscription des Français de l'étranger », *Les Études du CERI*, 249, avril 2020.

Szulecki Kacper *et al.*, « To Vote or not to Vote ? Migrant Electoral (Dis)Engagement in an Enlarged Europe », *Migration Studies*, 9 (3), 2021, p. 989-1010.

Tintori Guido, « The Transnational Political Practices of "Latin Americans Italian" », *International Migration*, 49 (3), 2011, p. 168-188.

Établissements scolaires français à l'étranger

Beck Sylvain, *Expatriation et relation éducative. Les enseignants français dans la mondialisation*, thèse de doctorat en sociologie, sous la direction de Didier Lapeyronnie, Université Paris 4-Sorbonne, 2015.

Bensoussan Georges, *L'Alliance israélite universelle (1860-2010). Juifs d'Orient, lumières d'Occident*, Paris, Albin Michel, 2020.

Bry Alain, *Le Mini-mammouth du Quai d'Orsay, 1685-2013. Histoire et devenir du réseau scolaire français*, autoédition, 2013.

El Challah Rana, *Innovation en formation continue et dynamiques coopératives. Étude sur le travail en réseau des enseignants au sein des établissements de l'AEFE au Liban*, thèse de doctorat en sciences de l'éducation, sous la direction de Philippe Meirieu et de Ramzi Salamé, Université Lumière Lyon 2 et Université Saint-Joseph de Beyrouth, 2016.

HUGOO Vincent, *La Distinction à l'étranger. Stratégies scolaires et sociabilités juvéniles dans les lycées français en Allemagne*, thèse de sociologie, sous la direction de Anne-Catherine Wagner, Université de Paris 1 Panthéon-Sorbonne, 2022.

PEARCE Richard (ed.), *International Education and Schools. Moving Beyond the First 40 Years*, Londres, Bloomsbury.

POLLOCK David C. et VAN REKEN Ruth E., *Third Culture Kids. Growing Up Among Worlds*, Boston, Braley, 2009.

THÉVENIN André, *La Mission laïque française à travers son histoire, 1902-2002*, Paris, Mission laïque française, 2002.

Liste des personnes interviewées

Serge Agut, Laurence Auer, Jean Barthélemy, Anne-Chrystelle Bätz, Guillaume Bazard, Ruth Bensmihan, Jackie Bertho Ando-Allé, Olivier Bertin, Jean-Marie Bouissou, Edmond Boussemart, Bernard Bripat, David Cadier, Irène Castagnoli, Samantha Cazebonne, Jean-Luc Chabbat, Jean-Daniel Chaoui, Hélène Conway-Mouret, Laure Daya, Bruno Dell'Aquila, François Delattre, Richard Delrieu, Didier Devilard, Martine Ducoulombier, Arnaud Floris, Laurent Foussereau, Corentin Fraiche, Didier Gaillot, Éric Gasser, Anne Genetet, Jean-Marc Giacometti, Florence Gombault, Florence Gomez, Laurence Hagenhauer, Alexandre Holroyd, Alexandre Joly, Frédéric Jung, Ariel Kandel, Valérie Khan, Marie-Christine Kliess, Alain de Krasny, Frédéric Kriegel, Michel Lachaussée, Éric Lamouroux, Bertrand Larcher, Colette Le Baron, Jean-Yves Leconte, Ronan Le Gleut, Lorène Lemor, Elie Lévy, Philippe Loiseau, Martine Loterstein, Stephan Maigné, Julien Marboeuf, Jean-Claude Marfaing, Florence Mayol-Dupont, Mehmet Meydan, Jérémy Michel, Nathalie Mimoun, Valérie Moschetti, Stéphane Mosnier, Pierre Mourlevat, Pierre Mustière, Viet-Lihn Nguyen, Luca Niculescu, Carlos Oliveira, Ousmane Ouedraogo, Gilles Pascal, Frédéric Petit, Christian Polak, Robert Poulet, Olivier Piton, Brigitte Ricard, Sylvain Riquier, Antoine Roset, François Roussel, Stéphane Rupp, Louis Sarrazin, Martine Schoeppner, David Touitou, Yvonne Trahbi, Simina Tulbure, Marc Vilard, Nicolas Warnery, Thierry Zarella, Henri Zeller, Shimon Znaty.

La même personne peut avoir été interviewée plusieurs fois.

Liste des acronymes

ADFE	Association démocratique des Français du monde
AEFE	Agence pour l'enseignement français à l'étranger
AFBCI	Association française de bienfaisance en Côte-d'Ivoire
AFE	Assemblée des Français de l'étranger
AKP	Adalet ve Kalkınma Partisi (Parti de la justice et du développement)
ALENA	Accord de libre-échange nord-américain
ALFM	Association des anciens des lycées français du monde
ANEFE	Association nationale des écoles françaises de l'étranger
ANSSI	Agence nationale de la sécurité des systèmes d'information
ASFE	Alliance solidaire des Français de l'étranger
BJP	Bharatiya Janata Party (Parti indien du peuple)
CCPAS	Conseil consulaire pour la protection et l'action sociale
CFDT	Confédération française démocratique du travail
CFE	Caisse des Français de l'étranger
CFSE	Conseil supérieur des Français de l'étranger
CNED	Centre national d'enseignement à distance
CNU	Conseil national des universités
CSFOM	Conseil supérieur de la France d'outre-mer
DEFA	Direction de l'enseignement français en Allemagne
DFEAC	Direction des Français à l'étranger et de l'administration consulaire
DGRCST	Direction générale des Relations culturelles, scientifiques et techniques
EELV	Europe, écologie, Les Verts
ENA	École nationale d'administration
FAPEE	Fédération des associations de parents d'élèves des établissements d'enseignement français à l'étranger
FCPE	Fédération des conseils de parents d'élèves
FECT	French Education Charitable Trust (trust associatif français pour l'éducation)
FFA	Forces françaises en Allemagne
FLAM	Français langue maternelle
HDP	Halkların Demokratik Partisi (Parti démocratique des peuples)
IFS	Indian Foreign Service (Service diplomatique de l'Inde)
INSEE	Institut national de la statistique et des études économiques
NHS	National Health Service (service national de santé)
OLES	Organismes locaux d'entraide et de solidarité
PEEP	Fédération des parents d'élèves de l'enseignement public
REU	Répertoire électoral unique
RSS	Rashtriya Swayamsevak Sangh (Organisation volontaire nationale)

SOFE	Service des œuvres françaises à l'étranger
STAFE	Soutien au tissu associatif des Français de l'étranger
UFE	Union des Français de l'étranger
USIBC	US-India Business Council

Remerciements

Depuis trente-cinq ans, Sciences Po me permet de développer des travaux de recherche en m'accordant la liberté et les ressources nécessaires au travail intellectuel. Je suis reconnaissant aux directeurs et aux collègues du Centre d'études internationales (CERI) de m'avoir toujours soutenu dans mes entreprises, qu'elles aient porté sur l'Union européenne ou les pratiques de la diplomatie et la politique étrangère. Parmi les collègues actuels, je remercie pour leur compagnonnage Thierry Balzacq, Stéphanie Balme, Astrid von Busekist, Ariel Colonomos, David Cadier, Alain Dieckhoff, Emilija Gallois-Pundziete, Riva Kastoryano, Ewa Kulesza, Hugo Meijer, Karoline Postel-Vinay, Frédéric Ramel et Chiara Ruffa.

J'exprime aussi ma gratitude aux doctorants de Sciences Po de m'avoir apporté une stimulation intellectuelle constante. Je citerai ceux qui ont travaillé sous ma direction, alors que je rédigeais ce manuscrit : Louis Baudrin, Elie Beressi, Salih Işık Bora, Léonard Colomba-Petteng, Catharine Damron, Rémi Meehan, Augustin Normand et Earl Wang. La plus belle gratification d'un professeur est de savoir qu'une nouvelle génération prendra la relève avec compétence, mais aussi enthousiasme. Le métier d'enseignant-chercheur, comme on l'appelle en France, offre une formidable liberté. Il mérite simplement d'être pensé désormais dans sa dimension internationale, faisant appel à l'utilisation de plusieurs langues et à l'insertion dans des réseaux qui dépassent les frontières nationales.

J'aimerais remercier mes étudiants en master de PSIA et de l'École de la recherche à Sciences Po, ainsi que de l'Académie diplomatique à Vienne, qui ont nourri ces dernières années de nombreux échanges dans les cours et séminaires sur ces pratiques diplomatiques qui les passionnent autant que moi.

Je suis reconnaissant aux diplomates et anciens diplomates français qui m'ont accordé leur confiance en acceptant de me parler de ce qu'ils font. J'ai conscience qu'il n'est jamais facile d'être transformé en objet de recherche par un professeur de science politique qui scrute vos pratiques à la loupe pour écrire livres et articles.

J'ajoute des remerciements à tous les Français de l'étranger, élus consulaires, proviseurs et professeurs de lycées français qui, lors des différentes missions de terrain, m'ont reçu, ainsi qu'aux députés et sénateurs des Français de l'étranger. Un remerciement particulier à Ronan Le Gleut d'avoir accepté de commenter le manuscrit avec son œil de praticien. Ma gratitude s'adresse aussi aux diplomates et parlementaires des États européens (Italie, Portugal, Roumanie) qui ont accepté de fournir une perspective comparée à mon objet d'étude français.

Un grand merci enfin à tous les chercheurs en études diplomatiques qui m'ont initié à leurs problématiques et m'ont accueilli dans leur communauté épistémique. Je pense à Jan Melissen à La Haye, Paul Sharp à Duluth, Geoffrey Wiseman à Chicago et Iver B. Neumann à Oslo. Mon intérêt pour les pratiques diplomatiques doit beaucoup à nos échanges au sein de la section « Diplomatic Studies » de l'International Studies Association.

Deux enquêtes de terrain menées auprès des Français de l'étranger ont été possibles grâce au soutien d'organismes ou d'universités partenaires de Sciences Po : l'Université Waseda pour le terrain à Tokyo, le Deutscher akademischer Austauschdienst (DAAD) et le Centre Marc-Bloch, dirigé par Jakob Vogler, pour le terrain à Berlin. L'enquête en Israël a été soutenue par la Direction des affaires internationales de Sciences Po. Enfin, le programme Cité (sociétés plurielles) du CNRS, dirigé par Gilles Lepesant, a financé une mission de terrain à Londres. Je suis reconnaissant à tous pour leur confiance et leur précieux soutien.

Julie Gazier, directrice des Presses de Sciences Po, a accepté de lire le manuscrit en un temps record. Je la remercie, ainsi que Fabien Crespin, de tous les conseils qui m'ont permis de rendre le manuscrit plus accessible à la lecture.

Last but not least, je dédie ce livre à Monique, Matthieu et Juliette Lequesne, qui ont tous été, ou sont encore, des Français de l'étranger.

Table des matières

Composition : Soft Office (38)

sepec
numérique
Impression & brochage - France
Numéro d'impression : SN0000010315
Achevé d'imprimer : mars 2024
IMPRIM'VERT®